Carlos Tuya

PENSAR EL SOCIALISMO EN EL SIGLO XXI

El *Agente Político* para la
transformación de la sociedad

© Carlos Tuya
© Carlos Delgado (portada)
© Todos los derechos reservados
1ª Edición. 2016
ISBN-13: 978-1537270470
ISBN-10: 1537270478

Carlos Tuya

PENSAR EL SOCIALISMO EN EL SIGLO XXI

El *Agente Político* para la *transformación* de la sociedad

INTRODUCCIÓN

*Igual que en la religión el hombre es
dominado por el producto de su propia
cabeza, en la producción capitalista
lo es por el producto de su propia mano.*
El Capital Libro I, Tomo III.

Karl Marx

La irrupción de los *movimientos sociales* en España, con las *mareas* sectoriales y la protesta *indignada* del 15 M, ha trastocado el *amansado* mundo de la política y su representación institucional. Nada de esto surge del vacío, pese a su carácter *espontáneo,* ni es la consecuencia de una teoría política previa, ni fruto maduro de un *discurso performativo.* Es la consecuencia *social* de la Gran Crisis y recesión económica del 2008, y de las medidas de *austeridad* puestas en marcha de acuerdo a los dictados *neoliberales* de Bruselas, impuestos principalmente por la *troika,* y aplicadas primero por el gobierno socialista de Zapatero, luego por el conservador de Rajoy. Uno de manera *forzada* y renqueante; otro, con el *ardor* entusiasta de quien quiere ser el alumno más aplicado de Alemania. Ninguno de los dos con suficiente margen como para *modular* las medidas de ajuste y evitar sus catastróficos efectos sobre los trabajadores.

La primera respuesta social fue, lógicamente, de *resistencia.* Había que defender los derechos y conquistas del *Estado del Bienestar* ante el ataque sistemático del gobierno del PP, encantado con la oportunidad de reducir su dimensión y privatizar su actividad más rentable. Pero termina convirtiéndose, sin perder el carácter sectorial, en una gran movilización *política* que pone en cuestión la *representatividad* de los partidos tradicionales y la *calidad democrática* de las instituciones del *Estado Social y democrático de Derecho*. Todo ello agudizado por el impacto *mediático* de la corrupción. Es decir, la reacción socio-laboral a la Gran Crisis y recesión del 2008, y a las políticas de *austeridad neoliberal*, implementadas para salir de ella, generó tanto movimientos sectoriales de *resistencia* como una movilización popular de *denuncia* del sistema y la construcción político-administrativa del llamado *régimen del 78*. Un tiro por *elevación* que ha terminado siendo una ruidosa *salva* de fogueo.

Hemos visto como una parte mayoritaria de la *ciudadanía* no ha dudado en movilizarse para *defender* las conquistas socioeconómicas de los trabajadores frente a los recortes, *denunciar* la falta de democracia *real* frente al anquilosado bipartidismo, y pedir un *cambio* político global que inaugurara una nueva *transición* en nuestro país. Cinco años después, y tras las sucesivas elecciones autonómicas, municipales, y dos generales, el panorama dista mucho de ser el que esperaban las llamadas *fuerzas del cambio*. El gobierno del PP, con Rajoy a la cabeza, ha podido -y sabido, todo hay que decirlo- recuperarse del batacazo electoral del 20D, ganando votos y escaños el 26J, y todo pese a estar *grogui* políticamente, y a punto de ser mandado a la oposición. La apuesta por la repetición de las elecciones le ha salido -de momento- bien al PP, y mal a Podemos. El primero ha conseguido anular la aproximación de Cs. al PSOE, pactando con Rivera; el segundo, pese al significativo avance en la unidad de la izquierda que ha significado la coalición con UP-IU, ha perdido casi un millón de votos, fracasando en su apuesta irresponsable por el *sorpasso*.

Tenemos, por tanto, una movilización ciudadana que no ha visto reflejada su fuerza social en la alternativa política de Podemos primero, y Unidos Podemos después. Todo por la irresponsable actitud de una izquierda -moderada y radical- incapaz de articular una estrategia alternativa de *trasformación* social. Así, el PSOE se precipitó a firmar un pacto con Ciudadanos que resultaba difícil de *digerir* por la izquierda de la izquierda, necesitada, a falta de una oferta política *creíble* y *deseable,* del *entusiasmo* que la alimenta; y Podemos no supo valorar adecuadamente el *riesgo* de provocar nuevas elecciones cuando se hubiera podido, con la *abstención* y desde la vigilancia militante en la oposición parlamentaria, *revertir,* o al menos *atenuar,* algunos aspectos más dañinos de las políticas de Rajoy, ganando posiciones en la batalla *estratégica* por la *transformación* socioeconómica del capitalismo, y sacando del *ring* al principal enemigo de las clases trabajadoras, el Partido Popular. Como señalaba en mi artículo de *nuevatribuna.es,* La abstención tiene un precio, y he reiterado en la plataforma de debate *confluencia.network,*[1] dada la actual *correlación de fuerzas,* lo mas provechoso para las clases trabajadoras, y todos los que sufren los efectos de la crisis, hubiera sido *exprimir* al máximo las posibilidades negociadoras, pero sin forzar la situación hasta el extremo de hacer inevitables unas nuevas elecciones, que solo estarían justificadas de no alcanzarse un *mínimo* aceptable de reivindicaciones. La cerrazón de Pablo Iglesias, encantado con su peculiar *juego de tronos,* parece indicar que la apuesta era, desde el principio, por nuevas elecciones que permitieran, ¡ahora sí!, el ansiado *asalto a los cielos* mediante la *guerra relámpago* del inefable Errejón. La postura infantil de *con Rivera nada, porque es neoliberal,* resulta difícil de explicar cuando se sabe que la consecuencia serán nuevas elecciones, con el impagable precio de *regalarle* a Mariano Rajoy una oportunidad de oro para recuperarse, como finalmente ha ocurrido. Una apuesta disparatada a *todo o nada,* pero hecha con *pólvora del rey;* es decir, con los intereses inmediatos y acuciantes de los trabajadores, que hoy se encuentran de nuevo expuestos a las políticas reaccionarias del PP.

El *asalto a los cielos* de Pablo Iglesias ha resultado ser el *parto del monte*. Un escenario que, aparte de mostrar la poco fiabilidad de las encuestas en periodos de gran volatilidad de la opinión pública, evidencia lo fundado del temor a que unas nuevas elecciones pudieran empeorar las cosas para la izquierda. Nuestros profesores de política, que tanto se llenan la boca con eso de escuchar a la *gente común*, deberían recordar el refrán popular: *mas vale pájaro en mano que ciento volando*. No cabe duda de que un gobierno socialista de Pedro Sánchez, aún *recortado su vuelo* por Rivera, es mucho mejor que otra legislatura de Mariano Rajoy.

En septiembre llegará el desenlace al *suspense* creado tras las elecciones del 26J. El fracaso de primer intento de investidura de Rajoy abre una nueva *ventana de oportunidad* para desalojarle del poder. Y, de nuevo, volverá a poner a prueba la calidad política de los dirigentes del PSOE y Unidos Podemos. Mucho me temo que no estarán a la altura de la compleja situación, más *endiablada* que en tras las elecciones del 20D. Y eso es así porque ambas formaciones de izquierda carecen de un proyecto alternativo al capitalismo global y financiero causante de la crisis e incapaz de resolverla sin atentar gravemente contra las conquistas sociales y económicas de los trabajadores. El PSOE, porque no ha sacado las conclusiones adecuadas a su *encadenamiento* al capitalismo actual, soñando con reinventar una nueva propuesta *progresista* como lo fue el *Estado del Bienestar*. Podemos, porque, tras basarse en el *populismo* de Laclau, se reorienta hacia una versión castiza de la socialdemocracia *escandinava*. En cuanto a UP-IU y su núcleo dirigente, el PCE, deambula como sonámbulo sin meta una vez desaparecido el modelo soviético, aferrados al *castrismo* como último refugio. En esta difícil coyuntura, Alberto Garzón, nuevo Coordinador General de IU, se enfrenta a un serio dilema. Una vez lograda la coalición electoral con Podemos, deberá elegir entre la *unidad* y la *identidad*, endiablada dialéctica si tenemos en cuenta que Podemos parece que se encamina hacia su particular Bad Godesberg,[2] y la formulación de *certezas* socialdemócratas que les haga creíbles y aceptables para recuperar la *transversalidad* perdida. Más pronto que tarde, Garzón tendrá que elegir entre integrarse en Podemos o reafirmar la independencia y capacidad de acción político-organizativa de UP-IU, impulsando la urgente refundación de la izquierda transformadora en un proceso de *confluencia* con todas aquellas fuerzas políticas y movimientos sociales que se planteen la salida *trasformadora* socialista a la crisis del capitalismo.

Lo que ocurra dependerá, en gran medida, del proyecto de *transformación* socioeconómica de la nuestro país, y de cuáles deben ser los *instrumentos* para llevarla a cabo. Solo entonces será posible adaptar la *táctica* a la *correlación de fuerzas* en cada momento dado a fin de alcanzar los objetivos *estratégicos*. Solo entonces es posible dar los *rodeos* necesarios, o *rectificar* el rumbo si las circunstancias concretas en cada momento concreto lo exigen. Porque, como dicen los navegantes *no hay viento favorable para quien no sabe donde ir*.

El desafío es de envergadura. Lo que aquí y ahora nos interesa es dar respuesta a las cuestiones candentes que la Gran Crisis y recesión del 2008 ha puesto sobre la mesa. Porque es evidente que no se trata de una crisis más del capitalismo, aunque tenga parecida o mayor gravedad que la Gran Recesión de principios del siglo pasado. Ni el desarrollo del capitalismo es el mismo, ni los países de economía capitalista avanzada se encuentran en la misma situación socioeconómica, ni lo es la realidad internacional tras la desaparición de la URSS y el bloque *socialista*. El paradigma de una sociedad *alternativa*, materializado en el *socialismo realmente existente*, se ha derrumbado sin que todavía hayamos formulado un sustituto convincente que refleje la *posibilidad* y *ne-*

cesidad de construir un nuevo sistema socioeconómico sobre las bases del capitalismo actual y el *Estado Social y democrático de Derecho*. No faltan los intentos de descubrir y describir, de acuerdo a los datos empíricos, un *postcapitalismo* con formas *utópicas* más o menos *reales*, o puesto en práctica por los partidarios de la *economía del bien común*.[3] A lo largo de este libro tendré ocasión de referirme a ellos. Ya adelanto que, sorprendentemente, los autores no suelen abordar, al menos con suficiente profundidad, la cuestión clave del *poder* político e institucional. Olvidan que ningún *sistema socioeconómico*, por muy *evolucionado* que esté, colapsa de forma *natural*, abandona la historia *voluntariamente*, ni su progreso le lleva inevitablemente al *colapso*. Para que tal cosa ocurra es necesario que los interesados en el *cambio* de sistema conquisten el *poder* político y se transmuten las estructuras estatales en un proceso novedoso de *ampliación de la democracia*.

La historia evidencia que, pese a las múltiples formas de manifestarse la *evolución*, todo sistema consolidado -tanto biológico como social- tiene mecanismos de *depuración* y *supervivencia*. De lo contrario no habría podido desarrollarse, ni perdurar. Pero también que se pueden generar en su seno *mutaciones* que prefiguran e impulsan su posible *superación* evolutiva. En los sistemas biológicos el mecanismo de selección ocurre por interacción con el medio ambiente; en los sistemas sociales humanos solo cuando el *sujeto social* del cambio conquista el *poder político-institucional*. Y eso, a su vez solo es posible si existe un *agente político* que desactive el mecanismo de *Subyugación Ideológica* mediante el cual el sistema impide la toma de *conciencia* del *sujeto social*. Este es, muy simplificado, el esquema evolutivo de los cambios en las sociedades humanas descubierto por Marx. Y es la base de la que parto en este trabajo. No se trata de *ideología*, sino de *ciencia*. Como la evolución de las especies descubierta por Darwin no era una *ideología* enfrentada a la *religión*, sino una *ciencia* enfrentada a la *ignorancia.*

A la hora de enfrentarnos al gigantesco desafío de formular una *alternativa* al capitalismo basada en el marxismo *crítico*, es necesario denunciar el daño que produce el marxismo *ortodoxo*, cuya mayor proeza teórica consiste en convertir en *verdad revelada* la genial y fructífera comprensión *científica* de la sociedad humana y su movimiento *dialéctico* de Marx, convirtiéndole en un profeta *desarmado.* Bien está conocer a fondo los escritos de los fundadores del marxismo pero, como dice Schopenhauer, continuemos nuestro camino, contentos de pisar las huellas del grande y noble espíritu de Marx, pero no persiguiendo sus pisadas sino desarrollando sus ideas a la luz de la experiencia histórica, los avances científicos y las transformaciones socioeconómicas.[4] En las filas de la izquierda *transformadora* se cae con demasiada frecuencia en la *exégesis* de los escritos de Marx (joven, maduro y viejo, según convenga) con el *oportuno* apoyo de Engels, Lenin y Gramsci. Al marxismo *militante* le sobra *dogma* y le falta *ciencia.* Y parece que ni siquiera el cataclismo histórico del derrumbe soviético y la evolución capitalista de sus distintos *epígonos* han sido capaz de despertarle de la ensoñación *romántica.* Desde luego no será por falta de *ruido.* El mismo que, por otra parte, parece haber enloquecido a los *posmarxistas.*

La teoría política, en cuanto que está ligada *intrínsecamente* con la acción (filosofía de la *praxis*) es también, y principalmente, una *interpretación.* En primer lugar, *interpreta* la realidad socioeconómica y los fenómenos sociales mediante la *caja de herramientas* del marxismo *crítico*; lo que le permite *interpretar* el papel y la función de *agente político*, proponiendo soluciones y llevando al sistema capitalista hasta el *límite*, donde *avanzar* significa *transformar.* La ciencia, y el marxismo se basa en ella, de lo contrario sería solo una opción *moral*, no tiene *dogmas* sino verdades permanentemente sometidas a la *validación* empírica. Si no desarrollamos el marxismo desde una óptica *crítica* y *científica*, de acuerdo a sus métodos y la naturaleza de su *función política* (praxis), lo estaremos convirtiendo en una ineficaz *ideología*; o, en el mejor de los casos, reduciendo su *eficacia* como instrumento *consciente* de *transformación* social. Claro que para eso tenemos que superar la *razón perezosa,* la creencia fatalista de que todo está necesariamente determinado, de la que ya hablaba Cicerón.[5] Sin una teoría marxista *crítica* que oriente la *acción política* del *agente político* para la *transformación* socialista, aparecerán distintos *populismos de izquierdas* (teorizados por Laclau) que tienen poco o nada de marxistas, y menos de socialistas.[6]

Así que, ¿por dónde empezar? Esta es la pregunta *embrionaria* que hoy, como hace más de un siglo, debemos responder.[7] Porque se inaugura un tiempo nuevo con nuevos desafíos y posibilidades, que obliga a un replanteamiento de la *política* y sus *circunstancias*. Parafraseando a Francisco de Asís, el santo de los pobres, hoy tan de moda, debemos empezar por lo *necesario*, continuar con lo *posible* para plantear lo que hoy parece *imposible*. Y lo necesario hoy, para que la *protesta* se convierta en *conquista* política, es *repensar* el partido tradicional como un *agente político*. Es decir, una vez más, la cuestión *central* es la cuestión de su basamento *teórico*, su práctica *política*, y su naturaleza *organizativa*. Porque lo mismo que para hablar no necesitamos un *maestro*, sino hablantes en nuestro entorno, en cambio si es imprescindible para leer y escribir. Para *protestar* y *reivindicar* no hacen falta un *agente político* pero sí para la acción *política* *trasformadora*. Este es el sentido y el objetivo del presente trabajo. Pretendo avanzar en el necesario análisis marxista de la crisis y sus salidas, así como esbozar las propuestas político-organizativas derivadas de todo ello. Lo mismo que pretende la plataforma de Internet, *confluencia.network*, donde, desde el punto de vista del marxismo *crítico*, se promueve el debate sobre las alternativas socialistas al capitalismo financiero y global.[8] Me gustaría propiciar un debate amplio, profundo y riguroso sobre la naturaleza, forma y contenido del *agente político* para la *transformación* social, así como su *relación* con los *movimientos sociales*.

Hoy parece evidente que el viejo esquema *leninista* no es capaz de dar respuesta adecuada a las nuevas exigencias nacidas del desarrollo global del sistema capitalista y de su dominio financiero, al impacto socioeconómico provocado por la *Revolución Digital* y la *sociedad de la información*, a la creación de nuevos *campos* de *socialización* como el *Estado del Bienestar*, a la transformación del *escenario* político, sus modos y maneras, y a las oportunidades abiertas por la conquista del *Estado Social y democrático de Derecho* y la posibilidad de ampliar la democracia, tanto en su ejercicio (*deliberativo*, *participativo* y *directo*) como mediante las *formas estatales externas* surgidas en la lucha reivindicativa.

En resumidas cuentas, responder adecuadamente a las nuevas formas en las que se manifiesta y expresa actualmente la *lucha de clases*. Espero que las reflexiones contenidas en el presente libro contribuyan a desarrollar el debate, que debe inscribirse en la *praxis* política y reivindicativa para cobrar sentido. Como decía Aristóteles, *el fin de la ciencia especulativa es la verdad, y el fin de la ciencia práctica es la acción.* O, en frase memorable de Wittgenstein, *las palabras sólo tienen sentido en el flujo de la vida.* Porque, cómo es lógico en un libro *político* y sobre *política*, todo lo que se dice en él está sometido a *validación* empírica, lo que supone que en el futuro, si finalmente se consigue iniciar un proceso de *transformación* socialista, muchas cosas de lo que digo tendrán que ajustarse las nuevas realidades. Sin perder de vista lo acertado de la sentencia de Plinio: *cuántas cosas se juzgan imposibles de hacer antes de que se hayan hecho.*[9]

¡Ojala!

Nos encontramos ante un *ciclo largo, onda* en el lenguaje de Kondrátiev,[10] de estancamiento económico, precariedad laboral, desigualdad y exclusión social, deterioro del medio ambiente, y grave crisis humanitaria. El capitalismo financiero y global muestra claros signos de *agotamiento*, incapaz de dar una respuesta aceptable y asumible para la mayoría de los trabajadores a los problemas que él mismo genera. El *reformismo* socialdemócrata (nuevo y viejo) se muestra, pese a su *sensibilidad* social, incapaz de atender las demandas ciudadanas. La salida posible y urgente es la *transformación* socialista. En ese sentido, puede decirse que *la suerte está echada*, aunque el desenlace de la jugada permanezca aún en el aire. Porque los seres humanos somos tanto lanzadores de dados como los propios dados.

En realidad, de eso va este libro.

Carlos Tuya
Madrid, Agosto de 2016

P.d. Para no recargar el texto ha desarrollado algunas ideas en las notas, por lo que ocupan un elevado número de páginas. El lector puede prescindir de ellas si le resulta incómoda la lectura. También ofrezco una bibliografía complementaria a los temas tratados, así como las fuentes de las citas.

I. MARXISMO, CIENCIA Y TRANSFORMACIÓN SOCIAL

Antes de entrar en materia comencemos *ab ovo*.[11] Porque no se entenderían muchos de mis razonamientos sin referirme antes a los supuestos teóricos de los que parto. En realidad, cualquier tratado político, científico o filosófico se sustenta sobre unos principios que dan sentido a la argumentación, así como una *caja de herramientas* para desarrollarlos. Por eso me parece oportuno y necesario dejar claro cuáles son los *presupuestos* teóricos de los que parto, antes de exponer mi concepción del papel, naturaleza política, y dimensión organizativa del *agente político* para la *transformación* social que exige la actual *coyuntura* (entendida en sentido amplio, y no solo coyuntural, valga la redundancia) Sin conocerlos pueden resultar confusas e ininteligibles algunas propuestas y conclusiones. Es cierto que ya los he expuesto, con mayor o menor fortuna, en mis libros Democracia Ampliada, Evolución, Cultura y Socialismo, y La sinrazón populista, a los que me remito para una exposición más amplia y detallada.[12] Pero parece excesivo pedirle al lector que los compre y lea antes de seguir. Por eso trataré de hacer un resumen que permita la comprensión cabal de los *principios teóricos* de los que parto. Eso sí, pasados por un saludable baño de *antidogmatismo* que me permita encarar sin prejuicios los complejos problemas de la sociedad capitalista avanzada. Y aceptar que los datos empíricos son los que validan o falsean la teoría, por muy fundamentada intelectualmente que esté. Y por grandes que sean las esperanzas de un mundo mejor que contenga. Así pues, empecemos.

Evolución natural y *modulación* cultural

Sin caer en un desprestigiado *optimismo evolutivo*, que ve la historia de la humanidad como un proceso *progresista* lineal, es evidente que las sociedades humanas han ido transformándose, con etapas de estancamiento, periodos de retroceso, y avances bruscos, hacia una mayor complejidad y desarrollo, tanto científico, como técnico y cultural. Proceso que en la era de la globalización tiene un cariz homogéneo, salvando las lógicas diferencias de origen y mentalidad. Un esquema muy general, necesariamente simplificador, nos muestra que la evolución de las sociedades humanas ha recorrido un camino similar en todas sus culturas, con predominio de una de las distintas formas de crear riqueza desarrolladas por ellas y sus *relaciones de producción*: cazadores-recolectores, agricultores, comerciantes, artesanos, capitalistas. El verdadero error de los evolucionistas *optimistas* es pensar que se trata de un proceso *natural, inevitable* e *irreversible*. Esa fe ciega en el *progreso* se compadece mal con las manifestaciones de barbarie en algunas sociedades avanzadas, los estancamientos seculares de ciertos países, o los retrocesos, aunque sean temporales, hacia maneras más primitivas de vida. No tiene sentido abundar en algo que la historiografía científica tiene sobradamente constatado, aunque las distintas *explicaciones* puedan variar sustancialmente. Lo que interesa aquí y ahora es subrayar que el *optimismo evolucionista* no solo carece de justificación empírica, sino que encierra una peligrosa tendencia a la *pasividad* y el *confor-*

mismo, como veremos más adelante. La historia es fruto de la actividad de los humanos, asociados para *sobrevivir,* como todos los animales sociales, pero con la *sustancial* diferencia de que pueden *trascender* lo inmediato al tener la capacidad de *imaginar* su futuro. De ahí que la *nueva* sociedad socialista, o *postcapitalista* si se quiere, no será la consecuencia *natural* y *necesaria* de la imparable *mutación* del capitalismo, sino fruto y consecuencia de la acción *política* del *sujeto social* conformado por el propio sistema. Es decir, ocurrirá si los que *pueden* hacer que ocurra *deciden* hacerlo... y triunfan en el empeño. No existen garantías *naturales* de éxito, como tampoco existen garantías *dogmáticas* de que solo exista una *única vía,* la desvelada (para muchos *revelada)* hace casi dos siglos.

Pero retomemos el hilo argumental. Los humanos somos *evolutivamente* seres *sociales*; está en nuestro ADN vivir en comunidad, como ocurre con todos los animales sociales, desde las hormigas hasta nuestros *primos* los chimpancés. Pero con dos diferencias esenciales, que distinguen a la especie *homo* dentro del mundo animal: un cerebro muy desarrollado, con un índice encefálico elevado, y el andar bípedo. Sin estas singulares características evolutivas es posible que la nueva especie hubiera desaparecido completamente, como ocurrió con distintas *ramas* de los homínidos. Sin embargo, aquí estamos, enfrentados no solo a los cambios naturales del medio ambiente, sino a los provocados por nuestra actividad productiva, consumista y lúdica. No creo que sea exagerar afirmar que la supervivencia de la especie humana, al menos en nuestro planeta, dependerá de que el sistema socioeconómico dominante no siga siendo el capitalista. Una vez más, hay que *evolucionar* para *sobrevivir.*

Detengámonos ahora en un aspecto crucial de la evolución humana. Como consecuencia de los cambios morfológicos del andar erguido y la capacidad de correr largas distancias, que no viene a cuento describir ahora,[13] las crías del *homo sapiens* necesitan de un largo periodo de desarrollo físico y mental tras nacer, lo que exige el cuidado de los padres, y éstos de la *cooperación* del grupo. Esa *sociabilidad innata*, condición previa de *supervivencia* de todos los animales sociales, adquiere una nueva *dimensión*, da lugar a un impresionante *salto cualitativo* en la evolución biológica, debido a la gran capacidad *cognitiva* de los humanos, lo que les permite *modular* culturalmente sus relaciones sociales, más allá de la pura determinación *genética*. Las necesidades sociales de *supervivencia* adquieren así una *plasticidad cultural* que trasciende la mera defensa frente a los depredadores y la adquisición de alimentos. Permite *planificar* la vida social en función de las necesidades individuales y del grupo.[14] Necesidades que crecen y se modifican con la *ideación* que subyace en toda *planificación*; necesidades condicionadas a su vez por las circunstancias concretas en las que se desenvuelve el grupo. El ser humano es *proactivo*, y no sólo *reactivo*, presupone y anticipa las posibles consecuencias de sus actos, y valora los resultados para ajustar la *ideación* a la *praxis*. Por eso, la *evolución* de las sociedades humanas no es *lineal*, igual para todas ellas. Al contrario, se manifiesta *históricamente* con distintas formas y grados de desarrollo y complejidad. Es decir, las *relaciones sociales* que se generan para la *supervivencia* (en sentido amplio) como la cría y enseñanza de los hijos, la obtención de alimentos, la defensa personal, del grupo y del territorio, el desarrollo de nuevas tecnologías, la creación de riqueza, su acumulación e intercambio, la necesaria especialización y división del trabajo, etc., son posibles por la capacidad evolutiva de *ideación* del *homo sapiens,* que es la dimensión *cultural* de nuestra especie. Somos, por tanto, seres *sociocultu-rales.* La evolución del *homo sapiens,* y de sus sociedades, ya no es exclusivamente consecuencia fortuita del *azar,* del *barajado* genético del ADN, y de la *necesidad* de sobrevivir en un medio cambiante y muchas veces hostil, sino fruto de la *actividad cultural* humana, que se convierte así en *agente* de su propia evolución. La capacidad de *planificar* el futuro dota por primera vez a la evolución de *finalidad.* No es extraño que el *homo sapiens* haya terminado por creerse Dios; o creando un Dios para explicarse. Ya lo dijo Feurbach con palabras certeras: *crees que Dios existe, que es un ser, porque tú mismo existes y eres un ser.*[15]

Ahora bien, este simplificado esquema *descriptivo,* hoy aceptado por todos los antropólogos y biólogos evolutivos, no implica necesariamente que todos admitan el hecho de que las sociedades humanas estén regidas también por *leyes emergentes,* como ocurre en el resto de la naturaleza de la que forman parte. Al contrario, la religión, la filosofía, e incluso las ciencias sociales, han partido del presupuesto contrario: los hombres y sus sociedades están regidas por la ley de *Dios,* por la *Idea,* o por el *Azar* vinculado a la naturaleza *imprevisible* de los seres humanos. Hasta Marx, la historia se consideraba fruto del *Espíritu,* acorde a la voluntad de Dios. A lo más que se llegaba era a describir los hechos *empíricos,* y admitir la realidad tal como era, sin plantearse su *transformación.* En las conocidas palabras de Marx: *la filosofía se ha encargado hasta ahora de interpretar el mundo, ahora se trata de cambiarlo.*[16] Pero Marx no se queda en la *voluntad,* sino que indaga en las *razones materiales* que subyacen en los distintos intentos de cambio *socio-político* protagonizados por los incipientes movimientos obreros, sin perder de vista los procesos insurreccionales históricos. Involucrado en las luchas emancipadoras, analiza el capitalismo y llega a la conclusión de que lo que posibilita e impulsa las *transformaciones* sociales es la *dialéctica* de sus *contradicciones* internas. La misma sociedad alumbra los mecanismos que harán *posible* su cambio y *transformación*. Así, concluye que la *contradicción fundamental*, el *motor* evolutivo, es la que relaciona dialécticamente las *fuerzas productivas* (conjunto de elementos disponibles para crear riqueza: trabajo, materia, instrumentos, conocimientos científico-técnicos, etc.) con las *relaciones de producción* (sociales, culturales, jurídicas) en que se materializan. Es importante señalar que tanto el concepto de *fuerzas productivas* como el de *relaciones de producción* se refiere a *momentos, espacios,* y *dimensiones* de una única e inseparable realidad. No es posible la existencia de *fuerzas productivas* fuera de las *relaciones de producción*, como no es posible el magnetismo sin un elemento material que lo genere. El riesgo de concebir la *dialéctica* como una forma de *dualismo,* con elementos distintos enfrentados, es que se termina cayendo en una especie de *materialismo idealista*. Ya veremos más adelante como tal peregrina concepción lleva a aberraciones políticas. Eso si, sancionadas por la *dialéctica*.

Volviendo a la relación dialéctica entre *fuerzas productivas* y *relaciones de producción*, esta puede manifestarse de distintas formas. Inicialmente, existe una *concordancia* que impulsa el desarrollo de las primeras, para entrar posteriormente en *conflicto* cuando la capacidad productiva del sistema se ve constreñida por las *relaciones de producción*. Entonces, el sistema socioeconómico entra en *fase* de crisis, más o menos aguda, cuya resolución significa la instauración de unas nuevas *relaciones de producción* y un nuevo impulso creativo de las *fuerzas productivas*. Nótese que dicho *reajuste* no tiene que significar necesariamente una *transformación* del sistema económico, lo que invalidaría la capacidad de *reforma* del propio sistema. Es lo que pensaban los revolucionarios de finales del Siglo XIX y parte del XX. La realidad es que los *revolucionarios* de inspiración marxista *dogmática* fracasaron en sus predicciones catastrofistas mientras el capitalismo conseguía, con la necesaria ayuda de la socialdemocracia, reformar sus estructuras productivas y adecuar las *relaciones de producción* mediante las regulaciones necesarias, la globalización, y el *Estado Social y democrático de Derecho* que incluye el *pacto social* del *Estado del Bienestar*.

Y en esa estábamos cuando la Gran Crisis y recesión del 2008 ha vuelto a demostrar que el *movimiento dialéctico* no se detiene (perdón por la *perogrullada*) y que el capitalismo puede convivir con sus periódicas crisis *depuradoras* de excesos y *correctoras* de desajustes, pero no anularlas definitivamente. Y para que esos periodos de crisis e inestabilidad social no *colapsen* el sistema, existen *mecanismos de salvaguarda*, verdadero *sistema inmunitario* del capitalismo, tanto *coercitivos* (policiales, jurídicos, o de dominio económico) para mantener la protesta en la dimensión adecuada y dentro de los cauces controlables, como los más sutiles y eficaces de *Subyugación Ideológica* para impedir que los afectados tengan una percepción justa de lo que ocurre, sus causas y causantes. De ahí que la profundidad y extensión de la crisis no garantice su éxito, ni que la opción política *transformadora* dependa de las crisis, ni que ésta sea es su principal resultado. Se trata de una *potencialidad* inherente al sistema, cuya *probabilidad* de materializarse aumenta con el desarrollo socioeconómico, y se *evidencia* más fácilmente cuando el sistema entra en crisis. Y es así porque la *transformación* del sistema socioeconómico se realiza con, y a partir de, los *materiales* realmente existentes en dicho sistema, y no con las *fantasías revolucionarias* de sus presuntos *enterradores*. ¿Es necesario dar ejemplos?

Veremos mas adelante como una concepción materialista verdaderamente *dialéctica*, limpia de *resabios* idealistas, exige abandonar toda esperanza en una evolución *inevitable,* un progreso *lineal* en la historia de la humanidad, sea cual sea la acción *política* que desarrollemos. Determinismo *economista* y voluntarismo *revolucionario* son los errores que debemos evitar si queremos tener éxito en la lucha por la *transformación* socioeconómica del capitalismo. Marx fue consciente de estos peligros, en parte derivados de su teoría, lo que le llevaba a declarar que lo único que sabía con certeza es que no era marxista.[17] En una carta al director del periódico ruso *Otyecestvenniye Zapisky*, Marx afirma: *Así pues, acontecimientos asombrosamente análogos pero que se dan en ambientes históricos diferentes llevan a resultados totalmente diferentes. Estudiando cada una de estas formas de evolución por separado y luego comparándolas podrá acaso descubrirse fácilmente la clave del fenómeno, pero nunca se llegará a eso mediante el pasaporte universal de una teoría general histórico-filosófica, la virtud suprema de la cual consiste en ser suprahistórica.*[18]

Lo que viene a decir Marx es que todo sistema *socioeconómico* es un conjunto inseparable, *superior* a la suma de sus partes, en que cada parte se *referencia* con todo. Así, la actividad *económica* es también *cultural* y viceversa. Con ello, Marx dotó al *socialismo*, expresión de la *utopía liberalizadora*, basado en distintas visiones sobre la *naturaleza humana* y en principios *moralistas*, de una base *científica*. Para Marx la *lucha de clases* es el *motor* de la historia en el sentido de que la *contradicción fundamental* se manifiesta como formas concretas de lucha entre las *clases* que conforman socialmente el sistema capitalista. De ahí a explicar todo acontecer humano mediante el recurso fácil a la *lucha de clases,* convertida en *coartada* para la *pereza* intelectual, hay un abismo. El uso del comodín de la *lucha de clases* conlleva el peligro de caer en el *reduccionismo* más burdo, o en la *tautología* más elemental. Es lo que ocurrió con la descalificación del *evolucionismo* darwinista, tachado de burgués, y el apoyo a la teoría lamarkista por parte de Stalin, lo que causó estragos en la agricultura soviética. Hoy sería imposible, salvo en un alarde de imaginación (¿o era *enajenación*?) relacionar la *lucha de clases* con, por ejemplo, la teoría cuántica; tanto como explicar la división celular mediante la *dualidad* corpúsculo-onda. Por cierto, los *creacionistas científicos,* alborozados por las aportaciones *sobrenaturales* de la física cuántica, se basan en la *función de onda* y su *colapso* para afirmar que es la *mirada* del Creador la que provoca la existencia del mundo. El *reduccionismo* termina siempre en planteamientos absurdos, cuando no ridículos.

Resulta evidente que la *realidad* del sistema socioeconómico capitalista, y los datos *empíricos* de la *lucha de clases* no *validan*, sino todo lo contrario, la visión *dogmática* del llamado *marxismo-leninismo,* y sus *veritates aeternas*. No importa que la praxis la refute una y otra vez, si ocurre es porque ha habido mala praxis. El *dogma* marxista es un saber *aprendido* y no *experimentado*, y sobre esa certeza *apriorística* se construye el modelo de socialismo y proclaman las leyes de su *inevitabilidad*. Lo lamentable, y que tal vez explique su derrumbe, es que ese *hibrido* creado por Stalin llamado *marxismo-leninismo* fue la *ideología dominante* del *campo socialista* y sus áreas de influencia política hasta su *implosión*. No es de extrañar que el carácter *científico* del análisis marxista de la sociedad sea cuestionado hoy por la mayoría de los pensadores sociales.

Este retorno de los *brujos,* y sus explicaciones *idealistas* de la realidad social, es particularmente claro entre los *posmodernos y posmarxistas*. Con la inestimable ayuda del *psicoanálisis* y sus versiones más *audaces*, sostienen que los fenómenos sociales son, por naturaleza, *caóticos, azarosos,* e *impredecibles*, producto de una conjunción *aleatoria e indeterminada* de factores y circunstancias imposibles de explicar *científicamente*. Al parecer, la ciencia y sus leyes (no hay ciencia sin ley) desaparecen de escena cuando irrumpe el *homo sapiens* en la historia. Se quedan, en el mejor de los casos, con la más o menos rigurosa *descripción* de los hechos históricos, especie de *linneos sociales* que se empeñaran en *ignorar* la ciencia cuando se trata de seres humanos. Claro que eso no les impide debatir acaloradamente sobre lo *posible* y lo *imposible* del futuro de la humanidad. Aunque, a veces, defienden *honrosamente* las luchas sociales y sus conquistas, actúan como nuestros antepasados, que domesticaron plantas y animales sin saber por qué, ni preguntarse cómo ocurría tan ventajoso fenómeno. Hasta que la ciencia descubrió el *mecanismo*. Hoy, la *genética aplicada* está logrando resultados que solo hace unas décadas parecían pura *ciencia ficción;* y lo hace precisamente porque Darwin descubrió las leyes de la *evolución* biológica. Sin caer en *analogías* peligrosas,[19] no entiendo la razón *intelectual* (otra cosa es la *ideológica*) que lleva a tantos *científicos sociales* (politólogos, economistas, sociólogos, antropólogos, etc.) a negar la capacidad *evolutiva* de las sociedades humanas, y sus *leyes emergentes*. Leyes que expresan, eso sí, *posibilidades* que pueden o no llegar a realizarse en el futuro. Como decía Ilya Prigogine, Premio Nobel de Física por su teoría de la *dinámica de sistemas,* todavía queda mucho por hacer antes de que podamos describir la *evolución* de *sistemas complejos* fuera de ciertas situaciones *sencillas*.[20]

En el caso de las sociedades humanas, *sistemas complejos, abiertos y no lineales,* no hay cabida, salvo en el *desvarío* pseudomarxista, para *fatalidades históricas* o *necesidades ineluctables* que nos transportarían, a lomos del *determinismo economicista* y el *voluntarismo revolucionario,* al futuro luminoso *socialista,* con independencia de la *voluntad* de acción del *sujeto social* capaz de hacerlo, y la *eficacia* del *agente político*. Porque la novedad, frente a las fuerzas *ciegas* de los *sistemas complejos* físicos y biológicos, es que somos los propios humanos quienes hacemos, deshacemos, cambiamos o transformamos nuestros sistemas sociales. Es como si los animales pudieran actuar *conscientemente* sobre su propia evolución, rompiendo así el carácter *azaroso* y carente de *finalidad* de la selección de las especies.

En resumen, frente a todos los *escépticos* desmoralizados, los *pesimistas* de la razón, y los nuevos *idealistas* de la *indeterminación* caótica, el marxismo *crítico* se reafirma, hoy más que nunca, como la herramienta *científica* imprescindible para analizar y comprender la evolución, cambio y transformación de las sociedades humanas. Al igual que el darwinismo lo es para la evolución biológica, pero con la especificidad del carácter *teleológico* (orientada a un fin previamente definido) de la acción humana, para proponer, orientar y dirigir la acción política trasformadora. Por supuesto, si sólo se trata de *reformar* el sistema, el marxismo sobra. Por eso, el papel del *agente social* para la *transformación* socioeconómica del capitalismo es inseparable de la concepción *marxista* de los mecanismos *evolutivos* de la sociedad. Lo que nos permite sacar ya una primera conclusión: el *agente político* para la *transformación* socialista tiene que basarse en el análisis *marxista,* de carácter *crítico* y *antidogmático,* de la realidad. Un análisis *colectivo* donde quepan, convivan y confronten distintos enfoques teóricos, diferentes formulaciones políticas, y variadas propuestas programáticas y de acción reivindicativa. El marxismo no es una opción *moral,* sino una teoría para la *praxis política,* que se basa en las leyes evolutivas de las sociedades humanas descubiertas por Marx, aunque expuestas somera y embrionariamente, por lo que debemos desarrollarla de acuerdo al avance de las ciencias involucradas en la actividad humana. En cuanto tal, no tiene *dogmas* sino *verdades* permanentemente sometidas a la *validación* empírica. Como señala acertadamente Atilio A. Boron: (...) *las fallas de la teoría sólo se resuelven concibiendo nuevas teorías, de diferentes niveles de complejidad y extensión, y proponiendo nuevos argumentos que enfoquen, desde otra perspectiva, la realidad que se pretende explicar y, eventualmente, transformar.*[21]

El marxismo *occidental* y la filosofía de la praxis

Para entender como hemos llegado a la situación actual, con una contestación social *aprovechada* por el *populismo de izquierdas,* de raíz *laclaudista,* para su proyecto hegemónico*;* y una Izquierda Unida, el partido tradicional de la izquierda *trasformadora* española, con el PCE como su núcleo duro (y *dominante*), desbordada por la propia *lucha de clases* en la que se supone debería estar inscrita, hay que hacer un poco de historia y analizar, aunque sea someramente, la evolución del pensamiento marxista en la Europa occidental durante la segunda mitad del siglo XX.

Lo primero que debemos constatar es que la gran influencia intelectual del llamado *marxismo occidental,*[22] con figuras tan notorias como Bloch, Adorno, Benjamín, Horkheimer, Althusser, Lefebvre, Marcuse, Habermas, Foucault, Kosik, Della Volpe, Sartre, Korsch, Poutlanzas, y un largo etc., se ha difuminado hasta convertirse, en el mejor de los casos, en un tema académico de estudio, sin apenas influencia en la práctica política de izquierdas. Lo característico de este marxismo, diverso e innovador en muchos aspectos, pero escasamente vinculado a la *praxis* política, es que se desarrolla a partir de la derrota de las revoluciones socialistas europeas, anunciadas como *inminentes* tras el éxito -y al rebufo- de la soviética. Luego vendrían décadas de estancamiento, cuando no de retroceso, de las luchas obreras y su *asimilación* por el capitalismo *boyante* de los años 50 a 70 del pasado siglo, de transformación, definitivamente *reformista,* de la socialdemocracia, convertida en partido *hegemónico* de los trabajadores, y del *cordón sanitario* al que se vieron sometidos los partidos comunistas, obligados a elegir entre la inoperancia o asumir también -con matices, *of course*- el *reformismo.* De más difícil asimilación, fueron las luchas obreras e insurrecciones en Berlín este (1953), en Hungría y Polonia (1956) que culminaron en la *primavera de*

Praga (1968) y posterior invasión del Pacto de Varsovia en Checoslovaquia. En ese sentido puede decirse (sin ánimo de ofender) que el *marxismo occidental* se convierte en un marxismo de la *derrota*. Todo el esfuerzo se dirige, tras poner en cuestión algunos *principios inamovibles,* a mantener vivo el *espíritu* revolucionario de la teoría marxista. Las aportaciones intelectuales, aunque faltas de una teoría unificadora, son notables. Mientras, en el llamado *campo socialista* se consagraba -e *imponía* en el movimiento comunista internacional- una visión *oficial,* acartonada, del *marxismo-leninismo,* más parecido a un manual de *autoayuda* que un compendio científico de la teoría revolucionaria desarrollada por Marx y Lenin.

Todo ello, y pese a las valiosas aportaciones de los *marxistas occidentales,*[23] ha supuesto un serio obstáculo al desarrollo del pensamiento marxista *crítico*, que solo puede avanzar desde presupuestos *científicos.* No sujeto, por tanto, a *disciplina* política, sino a los parámetros de *rigor teórico, lógica discursiva,* y *validación empírica,* que definen a toda *ciencia* que merezca ese nombre. Con la diferencia de que, en las sociedades humanas, la *validación* no es fruto del *experimento de laboratorio* y la reproducción de los resultados, sino de la propia e irrepetible *praxis.* Praxis del *sujeto social* que, como veremos, debe estar orientada políticamente por el *agente político.* Por eso, en las sociedades humanas resulta *insensata* la pretensión de formular una *teorización* de su realidad *separada* de la *praxis.* Aquí, el observador es a la vez *instrumento* de observación y, en ese sentido, parte configuradora de la *realidad* que observa. Si la propia medición *modifica* la realidad en la física cuántica (colapso de la *función de onda*), en la realidad social *conocer* solo es posible *modificándola* (filosofía de la *praxis*) El análisis de la *coyuntu-*

ra no se puede realizar desde *fuera*, salvo cuando ha pasado. Pero entonces ya es historia.

Este *sombrío* panorama pareció cambiar radicalmente con los estallidos de *insatisfacción* popular del mayo del 68 y del otoño caliente del 69-70 en Francia, Italia y Alemania. Europa occidental parecía encaminarse a un cambio profundo, a un renacimiento de la lucha, armado esta vez con una teorización marxista menos *dogmática*, y con el inesperado protagonismo de una *idealista* juventud urbana procedente de las clases media y media-alta, gran parte de la cual vio en la *Revolución Cultural* maoísta el camino de *redención* ante la inequidad del capitalismo y sus guerras imperialistas. Pero finalmente resultó ser un *espejismo revolucionario* que terminó fortaleciendo a la derecha gaullista francesa y a la democristiana italo-germana. Los miembros más *estridentes* del movimiento, como Kristeva o Glucksmann, se pasaron sin pudor a la ultraderecha de los *nouveaux philosophes*. Otros, menos proclives a la asimilación, se encuadraron en movimientos verdes como Cohn-Bendit. Los que siguieron la estela *contestaria* como Toni Negri, fundador del grupo *Potere Operaio* en 1969, evolucionaron desde el apoyo a la violencia obrerista hasta un posmarxismo *universalista* basado en el protagonismo de la *multitud,* de imposible traducción práctica. Y ahí siguen.[24]

No es de extrañar que pensadores como Lyotard, Derrida, Foucault, Baudrillard, Deleuze y Guattari decretaran solemnemente la *muerte del sujeto*, el *fin de lo social,* y la *abolición* de la *lucha de clases*. La controversia político y cultural iniciada en Paris fue definitivamente cerrada en 1976. Y la *cuestión* comunista europea *resuelta* con la derrota del PCP y la *normalización democrática* de la revolución portuguesa. El *eurocomunismo* de Berlinguer, Marchais y Carrillo, el último intento a la *desesperada* por alcanzar la añorada *hegemonía gramsciana* (en su interpretación *reformista*) supuso el inicio de un paulatino *debilitamiento* del PCI, la tendencia a la marginación del PCF tras su paso por el primer gobierno de Mitterrand, y el *patinazo* electoral del PCE, barrido por el PSOE en los primeros comicios democráticos de 1977. Esta serie de fracasos resultó un golpe demoledor para aquellos que habían vislumbrado una nueva era del movimiento obrero en los países del sur europeo, y provocó una grave crisis del marxismo de la que todavía no se ha recuperado.

Sin duda, los movimientos de protesta de mediados de los 50 a principios de los 70 han tenido efectos beneficiosos, posibilitando, aunque fuera a la larga, algunos avances sociales. Pero, en lo esencial, terminaron por *apuntalar* la *ideología dominante,* con la incorporación *cultural* de algunas de sus demandas. Aquí valdría aquello de que *lo que no mata engorda.* O dicho en lenguaje marxista, el *Sistema,* al reaccionar, se *inmuniza* y *reajusta* para seguir funcionando. El papel del *agente político* para la *transformación* socialista del capitalismo consiste, como veremos más adelante, precisamente en *neutralizar* el sistema inmunológico y *posibilitar* el triunfo de la *infección.* En cualquier caso, evidenciaron tanto las deficiencias del sistema socioeconómico capitalista y soviético como la *ineficacia* para gestionarlos de los partido comunistas, desde la oposición o en el poder.

Una respuesta poco *estructurada*

Uno de los intentos más destacados y prestigiosos para superar las dificultades de acoplar realidad y teoría, fue la aportación *estructuralista* al marxismo, a cuyo frente se encuentran los trabajos de Louis Althusser.[25] Tal aportación parte de la conocida diferencia establecida por Marx en la *estructura* de la sociedad: la *infraestructura* o base *económica* (unidad de las *fuerzas productivas* y las *relaciones de producción*) y la *superestructura*, constituida por las *instancias* jurídico-política (el derecho y el Estado) y la *cultural* (con las distintas *ideologías*, religiosa, moral, jurídica, política, etcétera) A todo ello, Althusser añade el concepto de *sobredeterminación*,[26] que expresa cierta *autonomía relativa* de la *superestructura*, que permite la *interacción* de ésta con la *infraestructura*.[27] No es este el lugar para un debate en profundidad del desarrollo *althusseriano* de las ideas básicas del *materialismo histórico*. Algo que, por otra parte, resulta innecesario para los objetivos de este trabajo.[28] Me limitaré a señalar algunos de los aspectos del *estructuralismo marxista* que *inciden* de forma significativa en el papel y la naturaleza del *agente político* para la *transformación* socialista del capitalismo desarrollado.

En primer lugar, me gustaría señalar un error conceptual que se encuentra en la raíz de numerosos malentendidos y deducciones políticas aberrantes: considerar la distinción marxista entre *infraestructura* y *superestructura* como una *realidad*, y no como lo que es, un *instrumento operativo* de análisis, una *abstracción taquigráfica*, útil siempre y cuando se maneje con suficiente atención y cuidado. En la habitual concepción *dualista* se conciben ambas dimensiones de una misma *realidad* como partes material y objetivamente *diferenciadas*, de carácter *subordinado* y con relación *causal*. Se olvida que la *infraestructura*, el sistema productivo, es también *cultural*, pertenece, por tanto, a la llamada *superestructura*. A su vez, la *superestructura* tiene carácter *económico* debido a que los seres humanos estamos capacitados *culturalmente* para producir riqueza, lo que nos permite *trascender* el mero mecanismo genético de *supervivencia*. El simple *determinismo* genético no explica la diferencia entre los humanos y, por ejemplo, esas grandes productoras que son las hormigas, capaces de cultivar plantas y esclavizar a otras hormigas. No explica la capacidad humana de producir, crear, comerciar, acumular y desarrollar distintos sistemas económicos de increíble complejidad técnica y social. Esta dimensión *cultural* de toda actividad humana, también económica por tanto, supone la participación de la *ideología* en la esfera *económica*, al contrario de lo que ocurre con el resto de los animales. Solo los robots desarrollan su *trabajo* ajenos a la dimensión *cultural* que los ha creado, lo que no deja de ser un alivio. Resumiendo, la *estructura* y *superestructura* son aspectos de una misma e inseparable *realidad material*. Para entendernos, y salvando las distancias, es lo que ocurre con la unidad *mente-cerebro*: los estados mentales son estados cerebrales, aunque la neurología y psicología traten el hecho desde distintas ópticas. Hay que insistir en que la filosofía *materialista* no puede aceptar la ontología *dualista* sin *desnaturalizarse*.[29]

Una mala comprensión, o el rechazo, del carácter *monista* del materialismo (unidad ontológica del mundo real que no niega el *pluralismo* epistemológico) incide negativamente en el estudio *científico* de la evolución de la sociedades humanas y sus leyes *emergentes,* al introducir un factor *idealista* irracional. Se encuentra, por ejemplo, en el origen del *determinismo* económico de los *fatalistas* (el capitalismo lleva *inexorablemente* al socialismo) y en el *voluntarismo* ideológico de los *optimistas dialécticos* (basta la *chispa* revolucionaria para que se derrumbe el capitalismo). Ambas son manifestaciones de un *neoidealismo* perniciosamente infantil en lo político y claramente perturbador en lo organizativo. Algo particularmente evidente en la consideración de las *clases sociales* como una creación *ideológica,* de carácter *moral,* y no una *realidad* material. Veremos esto más adelante.

Volviendo a nuestros *estructuralistas,* en el mejor de los casos se trata de una forma de *dualismo* disfrazada de *materialismo,* donde la *ideología* tiene existencia *material* por si misma. No es *casual* que tengan que recurrir a Freud y Lacan para sostener su edificio teórico, en un ejercicio de bufonadas filosóficas representadas sobre la tumba de Marx.[30] El tema ya ha sido tratado con su habitual agudeza intelectual y refrescante sentido del humor por, E. P. Thompson en su polémica con Althusser: *Lo que pongo en cuestión no es la centralidad del modo de producción (y las relaciones de poder y propiedad correspondientes) en cualquier comprensión materialista de la historia. Pongo en cuestión la idea de que es posible describir un modo de producción en términos "económicos", dejando de lado como secundarios (menos "reales") las normas, la cultura, los conceptos críticos alrededor de los cuales se organiza ese modo de producción. En la cabeza se puede hacer una división teórica arbitraria como ésta, entre base económica y superestructura cultural, y durante un tiempo puede quedar bien en el papel. Pero sólo es un argumento en la cabeza. Cuando volvemos al examen de cualquier sociedad real descubrimos rápidamente, o deberíamos descubrir, la futilidad de intentar imponer divisiones de este tipo (...) la analogía de base y superestructura es radicalmente deficiente. Lleva incorporada una tendencia a conducir la mente hacia el reduccionismo, o hacia un determinismo económico vulgar, al separar las actividades y los atributos humanos y situar unos en una superestructura, otros en una base, y dejar todavía otros flotando tristemente por en medio.*[31]

Poco más me queda por añadir. Solo insistir en que la tesis *estructuralista* de que *la ideología representa la relación imaginaria de los individuos con sus condiciones reales de existencia,* influida por la *pseudociencia* psicoanalista, tiene, en mi opinión, muy poco de marxista, y mucho menos de *científica.* Pese a la obsesión de Althusser por *limpiar* el marxismo de todo contagio *idealista* en el joven Marx, la caricatura de un monstruoso *hegelfreud* asoma burlona su jeta tras toda la alambicada argumentación del filósofo francés y demás compañeros de fatigas. Finalmente, la visión *estructuralista* de Althusser incurre, de una u otra manera, en un *determinismo económico* que la propia historia de la *lucha de clases* en los países capitalistas no ha *validado,* sino todo lo contrario. Insistir en ello lleva, fatalmente, a *desistir* del marxismo. Como ha terminado ocurriendo.

Frente a la *vacuidad* de las piruetas intelectuales de los *estructuralistas,* cada vez más freudianos y menos marxistas, surge en los años 80 del siglo pasado una potente corriente crítica, el *marxismo analítico,* con mayor capacidad de resistencia a la ofensiva *antimarxista* de teóricos del capitalismo como Popper. Esta corriente estaba encabezada por G. A. Cohen, impulsor y animador principal del llamado *Grupo de Septiembre,* intelectuales de distintas disciplinas (filosofía, politología, teoría económica, historia) como John Roemer, Jon Elster, Adam Przeworski, Erik Olin Wright, Philippe van Parijs, Robert-Jan van der Venn, etc., que se reunían anualmente en Oxford para debatir e intercambiar ideas sobre temas como el socialismo de *mercado,* la renta básica, la justicia distributiva, etc. Tuvieron influencia en ciertos sectores de la izquierda democrática, descontentos con las políticas de las cúpulas de los partidos laborista británico, y socialistas españoles y franceses principalmente.[32] Hacia finales de los 90 la mayoría de los teóricos del *marxismo analítico*, empezando por el propio Cohen, se decantaron por una posición cercana al *postmarxismo,* pero sin abandonar los postulados igualitaristas y éticos. Por ejemplo, Cohen, en su crítica a Robert Nozick,[33] desenmascara la *ilusión ideológica* que asimila *libertad* y *propiedad* privada. La pobreza significa *fundamentalmente* falta de *libertad*, y no mera *privación* de recursos. La indudable fortaleza teórica de estos intelectuales *comprometidos* estriba en tener los *pies en la tierra* más que la cabeza en la nubes.

Posteriormente, la mayoría de los componentes del *marxismo analítico* evolucionarían hacia formas más o menos radicales de un *postmarxismo* que seguía buscando un nuevo modelo de sociedad *postcapitalista.* Un ejemplo claro es el del sociólogo norteamericano Erik Olin Wright, y su esperanzadora teoría de la *construcción* de *utopías reales,* un conjunto de propuestas *posibles*, cargadas de buenas intenciones, pero que Wright es incapaz de relacionar, pese a los avances históricos en los que se apoya, con la cuestión fundamental del *poder* (político e institucional), tal como he desvelado en mi reseña crítica de su libro publicada en la sección Marxismo Crítico de la web *confluencia.network.*[34] Más recientemente, el economista y divulgador austriaco, Christian Felber, ha desarrollado un *corpus* de propuestas concretas, algunas ya realizadas en países avanzados de Europa como Austria y Alemania, de cambio socioeconómico del capitalismo en su ameno libro *La economía del bien común.*[35] A todo esto hay que añadir el impactante trabajo del periodista y analista económico inglés Paul Mason, *Postcapitalismo,* ya mencionado en la introducción, y del que volveré a hablar mas adelante, que no duda en afirmar que el *capitalismo, un sistema complejo y muy adaptativo, ha llegado a los límites de su propia capacidad para adaptarse (...) y como modelo económico ha llegado a su fin.*[36]

La idea que subyace en todos ellos, más o menos desarrollada y matizada, pero siempre apoyada de datos empíricos, es que la *transformación* del capitalismo es un proceso *natural* e *inevitable.* Ocurrirá, de hecho ya está ocurriendo, en un proceso lento de *mutaciones* apoyadas en sucesivas mejoras democráticas y reformas económicas. Se trata de una modalidad actualizada del utópico *reformismo revolucionario* que, paradójicamente, enlaza con el *determinismo mecanicista* de los marxistas *ortodoxos* que tanto habían criticado. Así, se habla alegremente de *capitalismo social,* un oxímoron en el que se engloban aspectos tan heterogéneos como sindicatos de clase, fondos de pensiones y mutualidades, y cooperativismo, economía colaborativa, renta básica universal, etc. Los avances *dentro* del capitalismo se consideran la *única* vía para construir una sociedad *poscapitalista* futura, en contraposición al fracasado *socialismo estatista.*

Pero la contraposición es *ventajista,* cuando no malintencionada. Porque el fracaso del llamado socialismo *realmente existente* (una forma burocrática, dictatorial y aberrante, de *Capitalismo de Estado*) no *valida* la propuesta *reformista* -de utópica aspiración *revolucionaria*- que basa su éxito en las sucesivas *mutaciones* (naturales o *inducidas*) del capitalismo desarrollado; como si los sistemas socioeconómicos *mutaran* y se convirtieran en una nueva *especie* sin la *decisiva* intervención de un factor *selectivo,* el medio ambiente o el poder político. El *reformismo,* incluso el bienintencionado, piensa que la *transformación* del sistema capitalista se producirá por acumulación de pequeños cambios, sin *disrupción,* al estilo del evolucionismo biológico. Pero incluso éste admite que los pequeños cambios no producen por si mismos una nueva *especie,* sino que hace falta la interacción con el *medio* y otras especies. Un proceso generalmente lento, aunque a veces brusco y catastrófico, como el generado por impactos medioambientales violentos de erupciones volcánicas, o de un meteorito como el que provocó la extinción de los dinosauros y el posterior despliegue evolutivo de los mamíferos. No hay *evolución* biológica sin *medio,* ni sin pequeñas mutaciones genéticas acumuladas, que unidas a los efectos *aleatorios* de la *deriva genética* (cambio en las frecuencias *alélicas* de las especies en el tiempo) y la *migración,* son la causa de la aparición de nuevas especies. Lo que evidentemente exige un largo periodo de tiempo. El *medio,* por así decirlo -y sin caer en el burdo *sociobiologismo* mecanicista- en las sociedades humanas es la *política,* que es el *agente* necesario para la resolución dialécticamente *superadora* de la contradicción *capital-trabajo.* Sin esto, la *transformación* de la sociedad seria una especie de *milagro.* El que tratan de provocar los *voluntaristas* revolucionarios cuando no surge *espontáneamente.* La única acción *voluntarista* es la que da origen a la organización del *agente político.* El capitalismo desarrollado es un sistema de gran complejidad, con una impresionante capacidad de *supervivencia* que le permite *integrar* y *asimilar* las *mutaciones* internas, fruto de la conjunción de dos factores: la lucha de los trabajadores por sus derechos políticos, económicos y sociales, y su propia dinámica productiva. Una cosa es *transformar* la sociedad a partir de lo existente, y otra pensar que lo existente es ya la *transformación* social. El capitalismo sólo se *transformará* en un nuevo tipo de sociedad *socialista* si la gran mayoría de los trabajadores *deciden transformarlo*. Lo que nos lleva al tema candente de la *ideología*.

Ser y percibir, esa es la cuestión

La *cultura* en general, y la *ideología* en particular, es la forma mediante la cual *percibimos* nuestra existencia. No tenemos otra forma de hacerlo, ya que no respondemos involuntaria y automática a los estímulos externos. Los humanos no somos *robots* que interaccionamos con el medio gracias a un *software* con respuestas *fijadas* en los algoritmos, sino seres *culturales*. En éste sentido, nuestra relación con lo *real* es siempre *cultural*, lo que incluye *ciencia y creencia,* y las diversas manifestaciones *ideológicas*. Una de ellas, la *dominante,* es la que resulta más adecuada para el sistema socioeconómico en cada momento dado. Sin olvidar que la *percepción* puede ser mas o menos *fantasiosa,* incluso *patológica* (enfermedad mental) lo que se reflejará en el tipo, forma y resultados de nuestra *relación* con el mundo. Actuamos *como* pensamos, pero no tenemos por que ser *lo que* pensamos (paranoia neuronal, o manipulación *ideológica*). Por eso, el sentido *peyorativo* que se suele aplicar al término *ideología* no deja de ser a una valoración *ideológica*.[37]

La actividad *consciente* humana es siempre *teleológica* y no simplemente *biológica,* que no tiene *finalidad* sino *funcionalidad*. Por eso, la actividad humana es *racional* -aunque a menudo poco *razonable*-, trata de *comprender* la realidad mediante la *ideación* desarrollando *hipótesis* sobre dicha realidad, que serán sometidas a posterior *com-*

probación empírica. Aquí ya tenemos el germen de una permanente dialéctica, cuya manifestación extrema, pero inevitable hasta que seamos capaces de comprender *toda* la realidad material del universo, es la *confrontación* entre *ciencia* y *religión, conocimiento* y *fe, razón* y *superstición,* todas hojas del mismo libro: la *cultura.*

La *superstición* expresa la necesidad de *explicar* los acontecimientos cuando no alcanza la *razón* para ello, al tiempo que satisface la insatisfacción *emocional* subyacente a la conciencia de *finitud* propia de la especie humana, que se *sabe* mortal. El problema con la *superstición* es que resulta un *bálsamo* imprescindible ante el vértigo de lo desconocido o (todavía) inexplicable. La conciencia de la muerte y el instinto de *supervivencia* solo se concilian en la forma mas elaborada de *superstición*: la religión monoteísta que ofrece una vida tras la muerte. ¡Quien la rechazaría!. No deja de ser un *consuelo,* aunque con perversos efectos secundarios, mientras no seamos capaces de vencer a la muerte, como hacen ciertos organismos unicelulares.[38] Por eso, la lucha contra la religión basada en la nueva religión atea (el marxismo dogmático) es una guerra perdida, bajo la obligada apariencia de un triunfo en toda regla. La religión resurge con fuerza cuando el sistema político-represivo desaparece. Stalin, Mao, Tito, Hoxha, ... todos perdieron. La ciencia, mientras, sigue su camino desbrozando de las hierbas de la *superstición* la senda del conocimiento científico sin el que no lograríamos perdurar.

Se trata de un complejo mecanismo de supervivencia del *Homo sapiens* que, entre otras maravillas del intelecto humano, da origen a las bellas artes: no son estrictamente racionales, pero forman parte de nuestra relación racional con el mundo. Toda cultura tiene esos dos componentes -sistemas, campos, instancias- mutuamente relacionados. De forma que la razón, al progresar, elimina de la ideación los contenidos irracionales (fe, superstición, etc.) Ya lo dijo Horacio: *Atrévete a saber*. Claro que ese proceso no resulta siempre pacífico, más bien lo contrario; algo que ya sabía el autor del Eclesiastés (atribuido al Rey Salomón) cuando señala: *quien aumenta la ciencia, aumenta también el dolor*. Principio que la Inquisición llevó con ardorosa dedicación a la práctica. El aforismo del Eclesiastés expresa con elocuencia y sencillez la justificación del pensamiento *mágico*. El primer pecado del hombre fue querer conocer, lo que le costó el paraíso. El estado de felicidad que produce la ignorancia es condición necesaria, aunque no suficiente, para el dominio de unos pocos seres humanos sobre los demás. Aspecto esencial para lo que aquí nos interesa.

En ese sentido, el sistema socioeconómico capitalista, basado en el conocimiento científico-técnico, se *autojustifica* mediante la *ideología dominante*, eficaz aglomerado de *razón, pseudociencias, superstición y creencias*, cuya expresión más acabada es el *neoliberalismo*, que en si mismo es una *categoría económica,* como la *emoción*.[39] Una de las consecuencias de todo ello es que el *agente político* para la *transformación* socialista debe *neutralizar* primero, y *reemplazar* después, los aspectos *funcionales* básicos de la *ideología dominante* para que dicha *transformación* socioeconómica pueda llegarse a producir. Es la batalla por la *hegemonía,* como veremos más adelante. Antes de seguir, me gustaría señalar que de la existencia de este mecanismo de *subyugación ideológica,* garantía *cultural* del sistema capitalista, no se deduce la ingenua -por decirlo suavemente- idea de que la *ideología dominante* dejará de serlo *solo* mediante la lucha *ideológica;* o que, en el otro extremo, la lucha *reivindicativa* no necesita del combate *ideológico* para convertirse en lucha *política.* Trascender un sistema socioeconómico exige tanto *razón* como *ideación,* tanto *teoría* como *praxis,* tanto lucha *reivindicativa* como proyecto *estatal,* tanto *movimientos sociales* como *agente político.*

Por eso el necesario impulso y defensa de las formas *alternativas* de producción y bienestar social conquistadas *dentro* del sistema capitalista, forman parte esencial e inseparable de la lucha *ideológica.* Tiene toda la razón el Catedrático de Análisis Económico y Economía Política de la Universidad de Sevilla, Juan Torres, cuando se pregunta: *¿dónde están las cooperativas promovidas por las izquierdas que nos piden el voto para que la gente vea que hay otros modos de propiedad? ¿dónde sus ejemplos de finanzas descentralizadas y colaborativas para que la gente compruebe que los bancos que conocemos no son imprescindibles?, ¿dónde han creado escuelas populares o centros de formación que permitan constatar que hay formas alternativas de enseñar y aprender a vivir? ¿qué experiencias de consumo, producción, vivienda o cuidados sostenibles han promovido las izquierdas que nos dicen que van a cambiar el mundo?*[40] O dicho con palabras del gran sociólogo alemán, Max Weber, en este mundo nunca se consigue lo *posible* si no se intenta lo *imposible* una y otra vez.

II. CLASES SOCIALES, REALIDAD Y PERCEPCIÓN

Veamos como las cuestiones planteadas hasta ahora afectan al análisis de los *movimientos sociales* y al *agente político* para la *transformación* social. Aunque hablaré más adelante de los partidos, ya adelanto que utilizo la expresión *agente político,* como luego haré con la de *sujeto social,* porque el concepto *clásico* de partido no sirve para la tarea de *transformación* socioeconómica del sistema capitalista, ni expresa adecuadamente su realidad y papel en la *sociedad de la información.*[41] Al final del libro ofrezco una visión más concreta de como entiendo la materialización del *agente político* para la *transformación* socialista del capitalismo desarrollado. Pero todavía nos queda profundizar en otros aspectos determinantes de la teoría marxista.

A la hora de plantearse la cuestión del *agente político,* mucho más si hablamos de la izquierda y su relación con las luchas de los trabajadores y los *movimientos sociales*, hay que distinguir dos *ámbitos* de la realidad social. Aunque inseparables, es necesario considerarlos aisladamente para poder abordar su *impacto* en la concepción del *agente político* y su concreción organizativa. Esas *dimensiones*, a las que cabe aplicar lo ya dicho sobre *infraestructura y superestructura*, son la *material* (objetiva) y la *cultural* (subjetiva) Desde el punto de vista de los componentes *materiales,* debemos analizar la composición social (conjunto de clases, grupos y subgrupos) propia del actual sistema productivo capitalista desarrollado. Un sistema inmerso en la revolución industrial *científico-técnica* basada en la *Revolución Digital*, todavía en sus inicios, que posee una capacidad sin precedentes de *trastocar* las relaciones sociales. Estamos viviendo en plena vorágine *evolutiva* de la realidad socioeconómica, con el surgimiento de nuevas *contradicciones* y la aparición de nuevas manifestaciones de *lucha de clases*. Esto es importante tenerlo en cuenta, y no solo desde un punto de vista sociológico, para descifrar (*leer*, en lenguaje posmoderno) cuál es hoy en día el *sujeto social* de la *transformación* capitalista, cuál su potencial *hegemónico*, y cuál la *percepción* que dicho *sujeto social* tiene -y puede tener- de todo ello. Y hacerlo en la más pura *tradición crítica* marxista, sin caer en la ortodoxia y el *dogmatismo*. Es lo que hizo Marx, al identificar en el *proletariado* de los países capitalistas más desarrollados de su época el *sujeto social* del *derrocamiento* del poder de la burguesía y la instauración del nuevo sistema productivo *socialista* como la primera etapa para alcanzar el *comunismo*. Al tiempo que desvelaba las *contradicciones* del *sistema productivo* que impulsaban y propiciaban dicha *transformación* socioeconómica. Marx dotó a la lucha por el socialismo, hasta entonces una aspiración *moral*, de base *científica*. Es su innegable grandeza, pareja a la de Darwin. Gracias a sus trabajos y descubrimientos, el marxismo consigue formular, aunque inicialmente de forma rudimentaria, la explicación *científica* de la *evolución* de las sociedades humanas, lo que nos permite plantear *racionalmente* la acción *política* para su *transformación*.[42] No solo podemos y debemos aspirar a una sociedad mejor, más justa, igualitaria y solidaria, sino que las *condiciones* para que se haga realidad no nacen del *cielo,* sino que las *produce* la misma sociedad. Pero el capitalismo, no lo olvidemos, procurará por todos los medios *sobrevivir* a sus contradicciones, cambiando las *relaciones de producción* y reformando el *sistema productivo* si fuera necesario. Por eso, la *transformación* de todo sistema productivo es siempre un proceso *revolucionario*, aunque no necesariamente *violento* e insurreccional.

Sin embargo, hay que reconocer que la forma en que Marx, y también su colaborador Engels, presentó sus descubrimientos en distintos escritos, simplificándolos por cuestiones *divulgativas* prácticas, ha sido fuente de numerosas y contradictorias interpretaciones. Es conocida la formulación que da Engels, en una carta a Bloch de septiembre de 1890, sobre el sistema productivo y su relación con el Estado y la sociedad civil. En ella sostiene que, *según la concepción materialista de la historia, el factor que en última <u>instancia</u> determina la historia es la producción y la reproducción de la vida real. Ni Marx ni yo hemos afirmado nunca más que esto. Si alguien lo tergiversa diciendo que el factor económico es el único <u>determinante</u>* (subrayados de Engels) *convertirá aquella tesis en una frase vacua, abstracta y absurda.* Para concluir: *el que los discípulos hagan a veces más hincapié del debido en el aspecto económico es cosa de la que, en parte, tenemos la culpa Marx y yo mismo. Frente a los adversarios teníamos que subrayar este principio cardinal que se negaba, y no siempre disponíamos de tiempo, espacio y ocasión para dar la debida importancia a los demás factores que intervienen en el juego de las acciones y reacciones.*[43]

El hecho es que la formulación marxista de los mecanismos *evolutivos* de las sociedades humanas ha dado pie a todo tipo de interpretaciones, la mayoría fruto de tomarlas en sentido *literal*. Así, el concepto de *en última instancia* es tan *impreciso* como *problemático*. Su formulación parece viciada por cierto *dualismo materialista,* comprensible en su tiempo, lo que facilita caer en la *trampa* del *determinismo económico,* siempre acechante. Pondré un ejemplo: es como si dijéramos que las *neuronas* determinan *en última instancia* el *pensamiento*; o que, *en última instancia,* un ser humano esta *determinado* por un *conjunto cuántico de partículas elementales* (iguales, por cierto, en todo el universo). Evidentemente, tanto Marx como Engels desconocían los trabajos sobre *sistemas complejos* (abiertos y no lineales) con sus leyes *emergentes,* que comenzaron a desarrollarse a mediados del siglo XX.[44] Ahora bien, en Marx hay un concepto *dialéctico* de *totalidad* que contiene, esbozada, la idea de los *sistemas complejos,* tal como ha señalado Lukács: *no es la primacía de los motivos económicos en la explicación histórica lo que constituye la diferencia decisiva entre el marxismo y el pensamiento burgués, sino el punto de vista de la* <u>*totalidad*</u>. *La categoría de totalidad, la penetrante supremacía del todo sobre las partes, es la esencia del método que Marx tomó de Hegel y brillantemente lo transformó en los cimientos de una nueva ciencia.*[45] Pero no se trata de una *totalidad abstracta,* carente de contenido *material,* sino de una *totalidad* formada por elementos múltiples y diversos, relacionados entre sí y con el *todo* del que forman parte, tal como señala el filósofo y militante checo Karel Kosik, que supo realizar una convincente síntesis entre la *fenomenología* y las ideas de Marx.[46] Pero sigo pensando que el concepto de Marx es impreciso y conlleva el peligro de un *dualismo* encubierto. Por eso, más que *totalidad* habría que hablar de *sistema complejo,* donde no hay *arriba* y *abajo*, sino *ins-*

tancias funcionales, expresadas en sus distintos *campos de realidad* (económico, social, político, cultural), solo separables para su comprensión *analítica,* especie de *disección* teórica pero sin más cadáveres que los *reduccionistas* económicos y los *deterministas* mecánicos. Lo que realmente *existe* (en primera, segunda y tercera *instancia,* y todas las que se quiera) es un juego de *contradicciones* sociales, de las cuales, la *fundamental,* es la que se da entre *fuerzas productivas* y *relaciones de producción.* Esta contradicción no existe por sí misma, sino como resultado de un sistema socioeconómico basado en la *desigualdad* y las *clases.* Y no se expresa *directamente,* sino en *todas* las demás, cuya naturaleza varía con el desarrollo *histórico* (principal, secundaria, subordinada, etc.) Es el *motor* evolutivo descubierto por Marx, su verdadera hazaña *científica.* La manifestación *histórica* de ese *motor evolutivo* que es la *lucha de clases.* De ahí la *historicidad* de las sociedades humanas.

A su vez la *lucha de clases* recorre y *modula* todos los aspectos de la vida social, *materiales* y *culturales,* en la diversidad y complejidad de las formas *concretas* que adoptan. De ahí que nada este *predeterminado,* sino que todo sea el resultado de cómo se resuelve esa *lucha de clases.* El sistema socioeconómico no es como una célula, que en su desarrollo y evolución lleva su muerte. No existen *telómeros* sociales, sino *lucha de clases,* cuyo resultado no esta *preescrito* de antemano en ningún genoma, y cuyas *posibilidades* de éxito no pueden evaluarse por anticipado con precisión (las leyes evolutivas son *probabilísticas*). Parece evidente, pero a pesar de ello, no se tiene en cuenta suficientemente en la *teoría marxista,* aunque más (la realidad *obliga*) en la *praxis* política. Despreciar la capacidad *resilente* del capitalismo es un error que se paga caro.

Hasta aquí una explicación, necesariamente somera, de lo que se conoce como *materialismo histórico*.[47] Ahora bien, desde el punto el vista que interesa ahora, lo importante a tener en cuenta en el análisis de la *estructura* socioeconómica son las *clases sociales,* en cuanto *sujeto social* de toda acción, sea *defensora, reformista* o *transformadora* del sistema productivo. Y no resulta fortuito que sea en torno al concepto de *clase social,* lo que la *define* y, sobre todo, lo que *representa,* donde hayan surgido los debates más enconados en ciencia política. En torno al concepto de *clase social* se han construido las refutaciones más *eficaces* del marxismo *dogmático.* Como las del filósofo y teórico de la ciencia británico, de origen austriaco, Karl Popper, para quien la articulación de la sociedad en clases es un mero *constructo* cultural y lo que existe son *individuos.*[48] Así, para *neoliberales* las *clases sociales* no existen, son una *categoría* teórica, que los sociólogos y economistas de antaño utilizaron para explicar las contradicciones y luchas desatadas con el desarrollo del capitalismo. Su formulación expresaba la necesidad de buscar una explicación a la dinámica social. Se trata de una burda manifestación de *neoplatonismo,* un recurso intelectual para negar el *mecanismo evolutivo* de las sociedades humanas, de forma que le permita afirmar al *neoliberalismo* la llegada del fin de la historia al realizarse plenamente en el capitalismo. En realidad, una nueva formulación del *meilleur des mondes possibles* (el mejor de los mundos posibles) anunciado gozosamente por Leibniz en su Ensayo de Teodicea.[49] Todo intento de superación seria entonces una *regresión,* una nueva manifestación de *barbarie,* como la de los obreros *ludistas* del siglo XIX destruyendo los telares. Lo *progresista,* proclaman encantados con su coartada, es ser *conservador.* Lo lastimoso es que se hayan unido al coro los nuevos *populistas*.

En realidad, Marx no precisó ni desarrolló suficientemente el concepto de *clase social*, pese a su importancia en el proyecto revolucionario, tal como señala el *Manifiesto Comunista*. Tal vez porque su teoría de la *evolución* de las sociedades humanas no necesitaba hacerlo, ya que el *motor* era la *contradicción fundamental* entre *fuerzas productivas* y *relaciones de producción*, que se manifiestan en la *lucha de clases*. La *evolución* no se detendría en el *comunismo*, como no se *inició* en las sociedades desarrolladas cultural y económicamente de la antigüedad. Fue Lenin, como veremos, quién necesitó desarrollar este concepto sociológico para justificar teóricamente su propuesta de *partido revolucionario*, expuesta en el libro *¿Qué hacer?* No creo necesario reflejar aquí los, a veces tediosos, debates en torno al concepto de *clase*.[50]

De momento, lo importante es constatar un hecho empírico difícil de ignorar: según el desarrollo económico del capitalismo *diluía* el concepto de *proletariado*, el supuesto *agente* director de la *revolución socialista*, y la *clase obrera* se diversificaba y subdividía, era cada vez más complicado hacer encajar la realidad en los *esquemas*, lo que ponía en serios apuros toda la *construcción* teórica marxista *clásica*, y los presupuestos políticos de los partidos comunistas. No tardaron en aparecer los detractores del marxismo y defensores del sistema *liberal capitalista*, sancionando la muerte de la *lucha de clases* y el *fin de la historia* al *griparse* su motor. Hubo quienes sustituyeron las *clases*, componente estructural de la sociedad, por *grupos de interés móvil* (stakeholders)[51] sin tarea *histórica* que cumplir... más allá de preocuparse por su *movi-*

lidad y el *bien común* de la empresa, lo que no deja de ser enternecedor. De nuevo la *ética* al servicio del capitalismo.

El fracaso de los procesos históricos *previstos* en la hipótesis marxista del *inminente* derrumbe del capitalismo, la *integración* de los sindicatos de *clase* en el sistema económico y su opción clara por el ejercicio *responsable* de la reivindicación laboral, junto con la paulatina *disolución* de las nítidas, al menos en teoría, *fronteras* interclasistas convencionales en el capitalismo altamente desarrollado, terminaron por convertir en una frase hueca la heroica *lucha de la clase obrera*. Por no hablar del *fetichismo nominal* que todavía otorga valores *demiurgos* a términos como *proletariado*, *conciencia de clase*, etc. Y en esas estamos, navegando sin rumbo en una fraseología *vacía* por no haber comprendido la *esencia* revolucionaria de la aportación de Marx al conocimiento de las leyes *emergentes* que rigen la *evolución* de las sociedades humanas.

Sin embargo, el concepto de *clase social* no es una *creación* de Marx, tiene siglos de antigüedad.[52] Se trata de una realidad *ontológica*, susceptible de ser analizada, descrita y comprendida en su *dinámica* diversidad, por mucho que pueda cambiar con el desarrollo del sistema productivo. Y sí, nace con un *papel histórico* que cumplir bajo el brazo. Surge como consecuencia de la necesidad humana de organizarse para la producción de riqueza en situación de *desigualdad* y poder *jerárquico*. Todo ello da lugar a una *estratificación social*, mantenida por el *poder* (físico y cultural) a fin de *contener* los inevitables *conflictos de intereses* dentro del *orden* necesario para su *supervivencia*. Un mecanismo *sencillo* pero nada *simple*, donde el concepto *cultural* de *interés* permite su *modulación*. La existencia de *clases sociales* es, por tanto, la consecuencia *material* de un sistema productivo basado en la *desigualdad* de sus componentes y en la *protección* jurídico-represiva de sus beneficiarios.[53] A partir de ahí, podemos tomar alguna de sus múltiples *facetas* (económica, laboral, profesional, psicológica, ideológica etc.) y *especular* todo lo que se quiera sobre cual de ellas es la determinante en cada conflicto social o aspiración individual. Pero mucho más provechoso, incluso teóricamente, es sumergirse en la *lucha de clases*, participando activamente en ella.

Las *clases sociales*, más allá del debate académico

De todas formas, tal vez convenga echar un rápido vistazo a cómo se han clasificado las *clases sociales* en el último siglo. En tiempos de la II Internacional, se consideraba que lo que definía y diferenciaba a las *clases* eran tres considerandos:

- *Su lugar en el sistema, históricamente determinado, de la producción social.*
- *Su relación (regulada jurídicamente) con los medios de producción.*
- *Su papel en la organización social del trabajo y, por ende, por los medios de obtención (y volumen) de la parte de riqueza social que obtenían.*

La *estratificación* social está bastante clara: aristocracia terrateniente, burguesía empresarial, clase media (profesionales liberales, funcionarios, gerentes, administrativos), clase obrera fabril, pequeña burguesía (campesinos, empleados) El proceso de *proletarización* creaba una dinámica de *polarización* entre la gran mayoría de la población agrupada en torno a la *clase obrera*, y una poderosa minoría burguesa liderada por la *oligarquía*. Hacer política en esas condiciones resultaba *aparentemente* bastante sencillo. En la época del *fordismo,* la *lucha de clases* resultaba tan evidente como prometedora. La *revolución proletaria* era cuestión de tiempo, lo que pareció confirmarse con la *toma del Palacio de Invierno* por los bolcheviques y la implantación del gobierno de los *soviets.* Pero el capitalismo no se derrumbó, los intentos revolucionarios fracasaron, la socialdemocracia se dividió, y la sociedad experimentó un cambio socioeconómico notable tras la II Guerra Mundial. A partir de los años 60, el crecimiento vertiginoso del sector servicios y el desarrollo administrativo del Estado para atender las prestaciones sociales, modificarían sustancialmente la *estratificación* social. Finalmente, el desarrollo del capitalismo *financiero* y global, el impacto de la *Revolución Digital,* la robótica y automatización industrial, las nuevas formas de trabajo impulsadas por la *sociedad de la información*, la economía de *consumo* y las redes sociales, han terminado por dibujar una sociedad en la que resultan inservibles, o poco eficaces, los análisis de *clase* dominantes hasta ahora. Una aproximación *empírica* a la nueva realidad es la que se propuso la BBC en 2013. Bajo la dirección de Mike Savage, de la *London School of Economics*, y en base a 160.000 respuestas de televidentes de la cadena pública británica, se confeccionó un nuevo mapa de las *clases sociales,* agrupadas en siete categorías:

Elite. Goza del más alto nivel económico y poder social entre las clases acaudaladas. Constituyen el 6% de la población británica.

Clase media establecida. Aunque tienen un alto nivel económico, con unos ingresos medios de unos 60.000 euros anuales, y prestigio social, no toman las grandes decisiones económicas y políticas. El estudio los define de *gregarios*. Representan el 25% de los consultados.

Clase media técnica. Se trataría de los llamados *nuevos ricos*. Se caracterizan por disponer de un alto capital económico, pero no social y cultural. Es una clase en desarrollo, formada todavía por un grupo de individuos muy reducido, que en un futuro pasarán a formar parte de la *clase media establecida*.

Nuevos trabajadores prósperos. Vinculada generalmente a las profesiones *liberales*. Dispone de un capital económico no especialmente elevado pero buena consideración social y cultural. Son descritos como "jóvenes y activos". Se trata de un grupo cercano al de la clase media o la trabajadora, pero que no se identifica con las cualidades que las han definido en el pasado.

Clase trabajadora tradicional. En continuo descenso numérico, representa el 14% de la población británica. Una parte se solapa con la parte inferior de la *clase media establecida*, mientras que otra se aproxima al *precariado*.

Trabajadores del sector servicios emergentes. Producto de la universalización del *Estado del Bienestar*, son los nuevos trabajadores *prósperos*, con gran prestigio social y cultural, pero no mucha, o poca, capacidad económica. Está formado mayoritariamente por jóvenes urbanos, con una media de unos 34 años.

Precariado. Nueva categoría social, producto de la crisis económica y su respuesta por los poderes políticos. Se trata de una derivación extrema de la clase trabajadora, que en algunos casos raya con la exclusión social, aunque esté conformada por el 15% de la población. Según los datos ofrecidos en la encuesta, referidos al nivel de vida de Inglaterra, estos ciudadanos no tienen más de 800 libras (942 euros) ahorrados y ganan al año unas 8.000 libras (9.425 euros). Tan sólo uno de cada 30 miembros de esta clase social han gozado de educación superior y el 80% de ellos viven de alquiler.

Puede ser una buena clasificación sociológica, como tantas otras, pero añade poco al tema fundamental de saber quién es hoy, en el capitalismo del siglo XXI, el *sujeto social* sobre el que descansa la *transformación* socialista del capitalismo, y cómo puede realizarse dicha *transformación*. De eso trataré a continuación.

Clase *versus* individuo

Pero antes, detengámonos un rato en la cuestión de la *lucha de clases* en un sistema socioeconómico desarrollado. Porque, paralelamente a la *disolución* del concepto clásico de *clases sociales,* surge un movimiento político que, sin negar su existencia, anuncia el fin de sus luchas. Para ello, dan un paso más en la *consagración* del *individuo* por Weber: La sociología interpretativa, o *comprensiva,* que considera al *individuo* y su acción como la *unidad* básica. El *individualismo metodológico* weberiano se opone a la visión marxista de la sociedad, que parte de la dialéctica de las *relaciones* socioeconómicas que conforman la vida individual. En pocas palabras, el llamado *colectivismo metodológico* no hace sino subrayar el hecho *evolutivo* de que no es posible el *individuo* aislado de lo *social.*

Por eso, resulta una *falacia nominal,* característica del capitalismo, contraponer *clase* a *individuo,* que sería lo único *realmente* existente. Lo formuló, con la contundencia descarada del ignorante, Margaret Thatcher: no existen *sociedades* sino *indi-*

viduos.[54] Este *individualismo* extremo e ignorante es tan absurdo, salvando las distancias, como contraponer átomos y moléculas, y afirmar la existencia *única* de los primeros. La realidad es que los *individuos* lo son en el seno de una *asociación.* Siempre actúan *socialmente,* agrupándose *voluntariamente* de muy distintas maneras y por distintos motivos: parentesco, tribu, asociación vecinal, equipo deportivo, fans, cofradía, secta religiosa, agrupaciones culturales, partidos políticos, ONGs, sindicatos, gremios, etc. O tienen que hacerlo, más o menos forzadamente, por exigencia del sistema productivo (*clases sociales* propiamente dichas), o de la administración del Estado (milicia, policía, funcionarios).

Un *individuo* nunca es un ser *individual,* como un humano nunca puede ser *inhumano* (al hablar de que algo o alguien es *inhumano* estamos afirmando que no está de acuerdo con nuestra *moral, costumbres* y *reglas* de convivencia dominantes). La *socialización* del *individuo* genera una realidad compleja que le *trasciende* sin *anularlo.* Por eso, el comportamiento *social* del *individuo* es algo más que la suma de sus comportamientos *individuales,* aunque obviamente es imposible sin ellos. Igualmente, las *demandas sociales* son algo más que la suma de las *demandas individuales,* aunque las contenga. Su *socialización* incluye una *dimensión solidaria,* que puede alcanzar *categoría política,* como veremos más adelante.

Y, hablando de *individuos* y sociedad, me gustaría hacer una mención a la teoría de *sistemas* del sociólogo alemán Niklas Luhmann (1927-1998). En mi opinión, sus ideas ha sido despachadas demasiado alegremente, tal vez debido a la postura conservadora del autor. Pese a su carácter abstracto y su pretensión *universalista,* creo que contiene algunos conceptos útiles para el desarrollo de la teoría marxista de la *evolución* de las sociedades humanas, una vez eliminadas algunas categorizaciones *idealistas*. Por ejemplo, su intento de explicar el funcionamiento de la sociedad como un complejo sistema de *comunicaciones*. Luhmann propone un punto de partida radicalmente diferente al de las teorías tradicionales de la sociedad, que entienden al ser humano como la *unidad básica*. Por el contario, la *estructura* de la sociedad moderna no la conforman los *individuos*, sino que son las *comunicaciones* las unidades constituyentes y reproductoras de los sistemas sociales, ya que los sistemas sociales emergen (...) *siempre que se establezca una relación comunicativa autopoiética,*[55] *que limite su comunicación y se diferencie así de un medio ambiente. Por lo tanto, los sistemas sociales no están conformados por hombres ni por acciones, sino por comunicaciones.* De esta manera, el *sistema* no puede operar fuera de sus *límites*, pero puede *sobrepasarlos* para relacionarse con el entorno. Se genera así una *interdependencia* entre *sistema* y *entorno*. Este planteamiento es el punto de partida de la teoría de los *sistemas* de Luhmann.[56]

En fin, no quiero alargarme más sobre el debate *individuo-sociedad,* que se remonta a las primeras reglamentaciones humanas.[57] En lo que a mi respecta, ya he hablado en *La sinrazón populista*[58] del fenómeno de *resonancia social* para describir el hecho de que el comportamiento colectivo *trasciende* el comportamiento *individual*. Algo que conocen perfectamente las fuerzas de seguridad ante un partido de fútbol de alto riesgo, por no hablar del fenómeno de la conducta colectiva *instintiva* en una avalancha humana.[59] Es más, ciertos *himenópteros* no es que tengan un comportamiento *social*, sino que solo *saben* hacer ciertas cosas *colectiva-*

mente, pero son incapaces de realizarlas si se les aísla. Este fenómeno *emergente* de la actividad cerebral se estudia en ramas específicas de las ciencias de la conducta como neurología social y psicología social.[60]

Pero no me interesa entrar aquí en una discusión *académica* sobre las *clases sociales,* el incremento en su complejidad, ni en el problema de su definición *precisa,* su determinación *material,* o su función *socioeconómica,* que las hay para todos los gustos.[61] Mientras filósofos, politólogos, sociólogos, economistas y demás pensadores *posmodernos* y *posmarxistas* debaten sobre si las *clases* (de existir) son galgos o podencos, el inversor Warren Buffett, uno de los hombres más ricos del mundo, con una fortuna estimada de 67.000 millones de dólares, afirma sin ningún pudor: *Por supuesto que hay lucha de clases, y los ricos estamos ganando.* ¡Y por goleada, habría que añadir! Parafraseando a Mark Twain, los rumores sobre la muerte de la *lucha de clases* han resultado ser exagerados.

La contradicción entre capital y trabajo

Disquisiciones teóricas aparte, lo que, en mi opinión, resulta imprescindible tener en cuenta a la hora de abordar la *lucha de clases,* es que la *contradicción fundamental* -el *motor* evolutivo de los sistema sociales humanos- entre *fuerzas productivas* y *relaciones de producción* se *materializa* en el capitalismo como la *contradicción principal* entre los *intereses* contrapuestos y antagónicos de *capital* y *trabajo.* Ahora bien, como hemos visto, el desarrollo económico capitalista ha creado una gran diversidad de *asalariados,* más allá del *núcleo* originario del *proletariado* fabril, correspondiente a la segunda revolución industrial. Actualmente, el conjunto de los *trabajadores* engloba una *constelación* de *clases* (con sus grupos y subgrupos) con fronteras *borrosas* y relaciones *fluidas*, como refleja la Encuesta de la Población Activa: obreros fabriles, mineros, marineros, obreros de la construcción, peones agrarios, técnicos y especialistas, profesionales liberales, empleados de comercio, funcionarios y empleados públicos etc.[62] Sus salarios, condiciones de trabajo, posibilidades de realización personal, y capacidad de consumo, son muy diferentes; lo mismo que su *relación contractual* con el *capital*. Y con un *significado* distinto según se trate de empresas *privadas* o de empresas *públicas*.

Esta diversidad y fragmentación no significa, como ocurría hasta hace poco, que las contradicciones y luchas de *asalariados* no *estrictamente* obreros fabriles carezcan de *radicalidad*. De hecho, suelen ser más *radicales* (en la *forma,* y en algunos aspectos también en el *fondo*) que las luchas obreras, generalmente circunscritas al ámbito reivindicativo sindical. Y pueden adquirir con mayor facilidad carácter *político* (reivindicaciones no estrictamente económicas o laborales, que afectan a *espacios* de gobierno y administración) como se ha visto con las *mareas sectoriales* y, sobre todo, en el movimiento 15 M, donde los *obreros* han jugado un escaso o nulo papel frente a técnicos, estudiantes universitarios, profesionales, muchos en situación de precariedad laboral o en paro. De ahí que fuera más una explosión de *ciudanía indignada* (denuncia de la subordinación de la política a los mercados financieros, falta de representatividad democrática de partidos e instituciones, exigencia de regeneración democrática frente a la corrupción, transparencia y participación activa de la ciudadanía, defensa del *Estado del Bienestar*, etc.) que de lucha *reivindicativa* tradicional, aunque las incluyera (empleo decente, derechos sociales y laborales, mejor distribución de la riqueza, etc.).[63]

Paradójicamente, cuanto más se desarrolla el capitalismo y avanza la *Revolución Digital*, con las trasformaciones socioeconómicas que eso conlleva, menos *protagonismo* tiene la *clase obrera*, pese a que por su naturaleza es la más *disciplinada*,[64] y su papel en la *transformación* socialista resulta *estratégico*. Este fenómeno, que en algunos aspectos recuerda al *mayo del 68* francés y similares, se evidencia en el *desplazamiento* del debate marxista de los lugares de *producción* a las universidades, junto al abandono por los sindicatos de *clase* de toda dimensión *política*. Todo ello ha supuesto que, tras la paulatina pérdida de un discurso *creíble* y movilizador del partido comunista, y por tanto de IU, la dirección *política* de las movilizaciones sociales haya quedado en manos de profesores de facultad y licenciados poco, o nada, integrados en el sistema productivo que han visto alborozados como sus teorizaciones políticas académicas podían ser llevadas a la práctica, con los resultados conocidos.

En cualquier caso, lo que resulta insoportable a amplias capas de la población, con *ideas políticas* difusas, o que simplemente rechazan todo lo que huela a *político*, es que el sistema capitalista se tenga que *regenerar* y *recuperar* de sus *crisis* a base de un enorme *despilfarro* de riqueza material y la *destrucción* de fuerza de trabajo, a costa de provocar un gran sufrimiento humano.[65]

Todo esto ocurre mientras que, como señala Paul Mason, *casi inadvertidamente, franjas enteras de la vida económica están empezando a moverse a un ritmo diferente en los nichos y huecos que deja abiertos el propio sistema de mercado. Allí han proliferado -muchos de ellos como resul-*

tado directo de la descomposición de antiguas estructuras, tras la crisis de 2008- monedas paralelas, bancos de tiempo, cooperativas y espacios autogestionados (...) Nuevas formas de propiedad, nuevas formas de préstamo, nuevos contratos legales... pocos se han molestado en preguntarse qué significa para el capitalismo en sí (...) Mason se deja llevar por el optimismo cuando añade: (...) *podemos encontrar ya las formas básicas de una economía postcapitalista dentro del propio sistema actual (...) En este nuevo terreno, se ha borrado la vieja vereda de antaño. Pero se ha abierto otra nueva senda. La producción colaborativa, en la que se usa la tecnología en red para generar bienes y servicios que funcionan solo si son gratuitos o compartidos, define la ruta que hay que seguir para salir del sistema de mercado. Necesitará del concurso del Estado para crear el marco de referencia, y durante décadas, el sistema postcapitalista podría coexistir con el de mercado.*[66]

Se trata de una *descripción* bastante fiel de algunos *aspectos* de la nueva realidad socioeconómica del capitalismo en la *sociedad de la información*. Nada que objetar, sino todo lo contrario. Lo que ya no resulta tan *asumible* es que Mason trate de inferir la *inevitabilidad* de una nueva sociedad *postcapitalista* alumbrada por el propio capitalismo; eso sí, con el *concurso* del Estado. Pensar en *transformar* el capitalismo simplemente desarrollando los aspectos productivos, como la economía *colaborativa* y en *red*, surgidos al calor de la *Revolución Digital*, sin plantearse la cuestión esencial del *poder* político e institucional, de la creación e instauración, legalmente protegidas, de *formas estatales externas*, y de la conquista *cultural* de la *hegemonía*, es una *quimera,* una *utopía* muy poco *realista*, que ignora la capacidad del sistema capitalista para seguir funcionando pese a las *mutaciones* y las *contradicciones* internas.

Retengamos la existencia de esos nuevos *nichos y huecos* abiertos en el sistema capitalista, vitales para plantearse las posibles formas y vías de *transformación* socialista generadas en nuestra sociedad. Volveré a ellos. Pero antes de seguir, tal vez sea conveniente preguntarse si esta situación, inédita en la historia del capitalismo, pero que de una u otra forma se ha dado siempre en los periodos *fronterizos* de cambios en el sistema productivo, significa que han desaparecido, por muy complejos y diversificados que sean, los mecanismos de *explotación*. En otras palabras: ¿significa que los capitalistas ya no *compran* más fuerza de trabajo, aunque sea de características diferentes a las de antaño, y mediante procesos no exactamente iguales?; y si lo hacen, ¿pagan un salario superior y establecen mejores condiciones laborales que antes?; es más, ¿retribuyen al trabajador la totalidad de lo producido en su jornada laboral, o se quedan con una parte como han hecho siempre? Y así podríamos seguir enumerando más preguntas. [67] Evidentemente, la respuesta es un rotundo NO.

Poner en cuestión los aspectos *sustantivos* del sistema productivo actual en base a su *evolución* suele servir para una interesada *reconsideración* del *mainstream* de las ciencias sociales. Consciente o inconscientemente terminan convertidas en una subrepticia *apología* de la moderna sociedad capitalista desarrollada. La verdad empírica, más allá de las *ideologías*, es que las *relaciones sociales* de producción, y por lo tanto las *clases sociales* y no los *individuos*, definen el elemento fundamental del capitalismo, al *legitimar* un cierto patrón de distribución de riqueza, poder y autoridad. Ahora bien, cada vez un mayor número de trabajadores, autónomos y pequeños empresarios experimentan las consecuencias de la crisis no solo como *disfuncionalidades* del sistema, sino también como *crisis vividas*, por utilizar la feliz expresión de Max Horkheimer.[68]

Trabajo intelectual y trabajo manual

Otro dato de la realidad socioeconómica a tener en cuenta en el análisis de la estructura de *clases* en el capitalismo avanzado es que la separación entre trabajo *manual* y trabajo *intelectual* tiene cada vez menos sentido según avanza la aplicación de la *Revolución Digital* a la economía, se *informatiza* la actividad empresarial, se automatiza la producción industrial, y se amplía el campo de la robótica a nuevos campos no estrictamente productivos, como el *asistencial*; al tiempo que la conquista social del derecho *universal* a la educación permite, pese a las *trabas ideológicas* y la reducción de recursos, que cada vez mas hijos de obreros acceden a la universidad. Por eso, los *obreros* necesitan *intelectualizarse* para seguir dentro del sistema productivo capitalista en los países desarrollados, mientras la mano de obra *física* se *externaliza* a *países* subdesarrollados, de forma que la *aldea global* dominada por las grandes corporaciones, donde la *desigualdad* económica se *ensancha* y las *oportunidades* culturales se *estrechan,* es hoy como el Londres de Charles Dickens.[69]

No nos engañemos, el impresionante desarrollo científico-técnico, y su impacto sobre el sistema productivo y la realidad socioeconómica, no es *esencialmente* distinto, salvo por su dimensión, amplitud y profundidad, de los efectos de la anteriores revoluciones industriales. Marx lo expresó con palabras proféticas en un mitin obrero que tuvo lugar en Londres, en la primavera de 1856, para celebrar el cuarto aniversario del órgano cartista The People's Paper: *De un lado, vemos las máquinas capaces de reducir el esfuerzo humano, del otro constatamos la miseria de la masa; las fuentes de riqueza recientemente descubiertas convertidas en fuentes de miseria, los triunfos del espíritu pagados al precio de una pérdida de carácter. A medida que la humanidad domina la naturaleza, el hombre se convierte en esclavo de otro o de su propia infamia, su ciencia parece que no puede brillar más que sobre el sombrío fondo de la ignorancia, sus invenciones y progresos tienden a dotar a sus fuerzas materiales de vida aintelectual y a rebajar la vida humana al nivel de una fuerza material sin alma. Es como si cualquier progreso en el orden de la técnica y de la ciencia debiera ir fatalmente acompañado de una regresión en las relaciones sociales y las instituciones políticas.*[70]

Ahora bien, la diferencia fundamental estriba en que las nuevas tecnologías de la información y computación, basadas en el *conocimiento,* están suponiendo cambios en el sistema productivo que otras tecnologías basadas en la *energía* no llegaron a provocar. Su implantación y desarrollo impulsan la *disolución* de los mecanismos tradicionales del *mercado libre* (irracionales y aleatorios por definición), tienden a *sustituir* el papel, carácter y función de la *propiedad privada* de los medios de producción, y *trastocan* aspectos importantes de las relaciones *capital-trabajo.* Todo ello no es más que la manifestación de una ley *evolutiva* general: todo sistema socioeconómico *genera,* en su desarrollo, *mutaciones* en las formas de producción que desbordan el propio sistema, al tiempo que mantienen *vestigios* de sistemas productivos anteriores. La *transformación* del sistema se produce cuando el *sujeto social* involucrado en las *luchas de clases* cambia a su favor las *relaciones de poder*. Es decir, no se trata de un fenómeno *espontáneo*, ni muchos menos *inevitable*. En eso estriba el papel y la necesidad del *agente político*.[71]

Resumiendo, la *Revolución Digital* y el consiguiente desarrollo tecnólogo, está generando una *constelación* de *clases sociales*, de límites *borrosos* y obligada *movilidad* para atender las demandas de una economía basada en la *innovación*. A su vez, el factor *consumista*, componente *cultural* imprescindible del actual sistema productivo capitalista, *diluye* la percepción de *clase* vinculada a las *relaciones de producción*, para potenciar la idea de *pertenencia*, vinculada a la capacidad de *consumo*, sostenida mediante el endeudamiento crediticio. Todo ello produce una fuerte tendencia al *desclasamiento*. Lo veremos más adelante en detalle.

En esta situación, las nuevas generaciones de trabajadores *intelectuales* y en *red* son, en gran medida, la parte más dinámica del *sujeto* de la *transformación*. Como dice Mason, *la generación formada y en red no va a tolerar el paternalismo y el atraso durante mucho más tiempo (...) en una sociedad altamente compleja e impulsada por la información tendrá un aspecto muy diferente del de las revoluciones del siglo XX*.[72] Desde esta perspectiva estamos en mejor disposición para comprender el papel de los *movimientos sociales* en la actual *lucha de clases*.

Movimientos sociales y poder político

En primer lugar, hay que destacar la naturaleza necesariamente *discontinua* de los *movimientos so-*

ciales, tanto organizativamente como desde el punto de vista de la *protesta* reivindicativa. Un continuo tejer y destejer, avanzar, paralizarse, retroceder, de alianzas, enfrentamientos, pactos, concesiones, derrotas y triunfos, propia de la *transversalidad* consustancial a todos ellos. Por ejemplo, en las *mareas educativas* confluyen alumnos, enseñantes, gestores educativos, y padres. Lo mismo ocurre con las *mareas sanitarias*: pacientes, auxiliares, técnicos sanitarios, médicos, etc. Por otra parte, el papel de los *movimientos sociales* es esencialmente *defensivo* (contra los *recortes,* en defensa del *Estado del Bienestar,* etc.) Sus reivindicaciones no *cuestionan,* al menos inicialmente, el sistema capitalista. Exigen que se respeten y garanticen las *conquistas sociales,* como un *derecho* irrenunciable. Ni que decir tiene que esa *transversalidad* es el caldo de cultivo de los *populismos de izquierdas,* cuyo planteamiento *político* consiste en *expresar orgánicamente* las *demandas transversales* sin cuestionar el sistema socioeconómico, lo que les impediría *construir* el *pueblo,* ahora llamado *gente común.* La consecuencia es que, en la medida en que avanza la *expresión orgánica* de la protesta y se *institucionaliza* como partido, tiende a disolverse el *movimiento social.* El voto trae consigo la *desmovilización,* a la espera de que los nuevos representantes *parlamentarios* arreglen, esta vez sí, la situación. El riesgo es que, si no lo hacen, algo bastante probable porque su propuesta programática no puede ir más allá de las políticas *reformistas* socialdemócratas para seguir siendo *transversales,* la *gente común* puede buscar la solución a sus problemas en el *populismo* de ultraderecha, como está pasando en varios países europeos. Venturosamente, en España la *vacuna* del franquismo hace muy difícil que tal cosa ocurra.

Naturalmente, la lucha de los *movimientos sociales* supone, en la práctica, cierto *cuestionamiento,* más o menos radical, de aspectos sustanciales del sistema. Por ejemplo, el 15M incluyó entre sus principales reivindicaciones aspectos *políticos* estratégicos como la *representatividad* de los partidos, la *calidad* democrática de las instituciones estatales, o la *soberanía* ciudadana. Junto a ellos, otros de carácter social como la *moralidad pública,* la *igualdad* de género, la *defensa* del medio ambiente, la *solidaridad* y *cooperación* en la actividad económica, y la *ampliación* de los derechos sociales. Es decir, un abanico de *reivindicaciones* cuya satisfacción solo es posible *transformando* el sistema socioeconómico capitalista. Lo que exige ponerlo previamente en *cuestión.* El contendido práctico de la *indignación* es un programa *emancipatorio* que solo puede realizarse en el *socialismo,* aunque la mayoría de los *indignados* no lo sepa, y sus autoproclamados dirigentes no lo crean. Pero su experiencia *reivindicativa* es una de las bases fundamentales para la *acción* del *agente político.* Siempre y cuando los *movimientos sociales* integren su lucha *reivindicativa* en la del conjunto de los trabajadores, convirtiéndola en *lucha de clases política.*

Volviendo al concepto de *clase social,* podemos definirla como una realidad *objetiva,* materialista, de carácter histórico, que expresa las contradicciones del *sistema productivo* y su nivel de desarrollo. No se trata de una *construcción* mental (el *posmodernismo* reduce la realidad a un *relato*), sino una *abstracción taquigráfica*[73] que representa los elementos humanos que conforman las *relaciones de producción* en un momento determinado de su desarrollo histórico. Una realidad *objetiva, material,* inseparable de su dimensión *cultural,* sin la cual no sería posible la acción *política.* Sólo se puede *abstraer* el concepto de *clase social* de su dimensión *cultural* a efectos de análisis estadístico, socioeconómico, o sociológico. Y para comprender las *potencialidades transformadoras* de cada una de ellas. Hay que desechar, por tanto, la teoría que niega carácter objetivo a las *clases*, restringiéndolas a la cuestión *subjetiva* de *pertenencia,* cuyo resultado *político* suele ser una especie de *voluntarismo idiopático,*[74] que se propone *forzar* desde *fuera* de las *luchas de clase* más allá de las condiciones socioeconómicas concretas. Por ejemplo, la soñada, nunca mejor dicho, *revolución proletaria.* En el lado opuesto, el *determinismo economicista* concibe la *clase social* como algo separado de la *conciencia,* a la manera del dualismo *mente-cerebro.* Esta es la base del *espontaneísmo,* para el cual la *revolución* surge *directamente* de las *relaciones de producción,* por lo que la acción *política* desde *fuera* es superflua, cuando no perjudicial. El primero otorga un valor *absoluto* al *agente político* para la *transformación* social, el segundo lo rechaza.[75]

La realidad es, sin embargo, mucho más compleja y difícil de manejar *políticamente.* Incluye los aspectos inseparables de *pertenencia, permanencia* y *participación.* Como la historia demuestra sobradamente, la tan alabada *espontaneidad* es una característica de la lucha reivindicativa en sus fases *iniciales.* La repetición y consolidación en el tiempo de las luchas reivindicativas de la *clase obrera* dio lugar a formas organizativas *permanentes* (agrupaciones de ayuda mutua, sindicatos, etc.) que sirvieron de cauce estable a las reivindicaciones, posibilitando *ordenar* las negociaciones, al tiempo que coordinaban y controlaban las movilizaciones para hacerlas más eficaces. Todo ello ha terminado por convertir las organizaciones reivindicativas de *clase* en parte *imprescindible* del sistema capitalista, necesarias para su correcto funcionamiento una vez alcanzado cierto nivel de desarrollo. En ese sentido, el sindicalismo facilita la supervivencia del capitalismo, obligándole a *evolucionar* para satisfacer las demandas de los trabajadores. *Modula* la explotación y contrarresta la tendencia *natural* del sistema a acumular riqueza en una minoría de propietarios. Esta especie de *embalsamiento* de la lucha sindical se *agita* en situaciones de grave crisis económica. Y puede reproducirse la *espontaneidad* reivindicativa de los trabajadores, *desbordando* los cauces sindicales existentes. Entonces es habitual que los sindicatos se debatan entre la *contención*, necesaria para sostener el sistema y hacer posible la negociación, y el apoyo a la *radicalidad* de la lucha. Lo que entraña el riesgo de que la *dinámica* de enfrentamiento con la patronal supere los planteamientos reivindicativos iniciales, y la lucha *laboral* se transforme en *política*. Las grandes manifestaciones y luchas obreras se han movido siempre entre estos dos polos. El final, cuando no han acabado en un rotundo fracaso, es un nuevo *pacto* con el capital donde se recogen aquellas reivindicaciones *asumibles* por el sistema productivo. Y vuelta a empezar.

Esta especie de *bucle*, que obliga a las organizaciones sindicales a una *actualización* permanente para seguir siendo útiles, y a los *movimientos sociales* a reinventarse para no desfallecer, muestra las limitaciones de la *espontaneidad*, y evidencia la necesidad del *agente político* a la hora de aportar sentido *estratégico global* a la lucha reivindicativa. Lo que nos introduce en el tema central de este trabajo: el papel y la función del *agente político*, en cuanto forma organizada *permanente* de lucha por la *hegemonía* de las clases trabajadoras en la *transformación* socialista del capitalismo.

Pero nada más enunciada la cuestión, surgen los problemas. El primero, establecer cómo se consigue dicha *hegemonía*, ya que las *clases sociales*, al ser parte del sistema socioeconómico, están *inmersas* en la *ideología dominante*, tal como hemos visto. Es decir, los trabajadores *perciben* su realidad socioeconómica mediante las categorías *culturales* de la *ideología dominante*, y no solo en función de su *participación* en las *relaciones de producción*. No puede ser de otra forma. Lo contrario supondría el *colapso* del sistema por la presión de sus contradicciones. Si bien, la misma *lucha de clases* atestigua las *deficiencias* estabilizadoras de dicha *ideología* debido a la contradicción de intereses. Por eso, la lucha reivindicativa es *principio* y *fin* de la lucha *política*. Sin ella resultaría imposible *ganar* el combate *ideológico*. Es lo que ocurre cuando la *ideología dominante* deja de serlo. Es decir, cuando no afecta *decisivamente* (siempre lo hace en alguna medida) a la *percepción* del papel de las clases trabajadoras en el sistema productivo, lo que supone ya la *politización* de su lucha.

Una primera conclusión de lo dicho es que el papel *fundamental* del *agente político,* en las actuales condiciones del *Estado Social y democrático de Derecho*, es eminentemente *pedagógico*.[76] Consiste en *disolver* los efectos *paralizantes* de la *subyugación ideológica* que impiden a las *clases trabajadoras,* pese a ser mayoría social, alcanzar lo que necesitan y plantearse un *horizonte de transformación* socioeconómica del capitalismo, más allá de la *mejora* de aspectos *sociolaborales*. Lo que exige que el *agente político* participe activamente en todas sus luchas. Que haga *pedagogía* de la *praxis,* como la mejor y mas eficaz forma de lucha *ideológica*.

Clase *en sí* y clase *para sí*

La gran aportación de Lenin a la concepción del partido *revolucionario* del proletariado ha sido llevar hasta sus últimas consecuencias el enunciado de Marx sobre la distinción entre *clase en sí* (Klasse an sich) *y clase para sí* (Klasse für sich).[77] De acuerdo a esta visión *dualista*, de raíz claramente hegeliana, habría una dimensión *objetiva,* social, determinada por el *sistema productivo*; y otra *subjetiva,* individual, determinada por *ideología.* Para el dirigente ruso, las clases *subalternas*, al ser parte del sistema social, se ven necesariamente afectadas en su *percepción* de la naturaleza de dicho sistema por la *ideología dominante* que impregna toda la sociedad. Por eso, insiste Lenin, se necesita un *actor exterior* que encuadre a los elementos de clase liberados de la influencia de la *ideología dominante.* Y que ejerza a su vez de *agente liberador.* Lo cual estaría condicionado por las circunstancias concretas y específicas del país.

La idea *leninista* del partido descansa, pues, en la necesidad de contar con una organización *externa* que lleve la *conciencia de clase* al proletariado, en oposición a la concepción mayoritaria en la socialdemocracia de la II Internacional (*menchevique* en Rusia), muy influida por el *determinismo economicista,* que parte de la idea de que la *conciencia de clase* surge *espontáneamente* de la propia lucha obrera, y el partido socialdemócrata se limita a organizar y dirigir la lucha por el socialismo. A partir de esta diferencia *germinal* se derivarían las distintas actitudes en el seno de la II Internacional ante los procesos revolucionarios de principios del siglo XX, hasta la ruptura tras la Revolución de Octubre. Pero Lenin no se limita a teorizar y polemizar *in abstracto.* Aplica su visión del partido *revolucionario* a la realidad socioeconómica de Rusia, y relaciona su actividad con el desarrollo *imperialista* del capitalismo. Es decir, Lenin nunca abandona el *análisis concreto de la situación concreta* a la hora de hacer formulaciones teóricas. Todo lo contrario del *marxismo-leninismo* oficial de la URSS en sus *manuales,* que lograron la *hazaña* de convertirlo en un cuerpo teórico *acabado* y *autosuficiente,* con respuestas inequívocas para todo tiempo y lugar.

El problema es que la diferenciación entre de *clase en sí* y *clase para sí* induce a una interpretación de la realidad social *dualista,* del tipo *cerebro-conciencia,* cuyo efecto más nocivo, y de graves consecuencias socioeconómicas, fue adjudicar al partido *revolucionario* el papel de *sujeto social* de la *transformación,* y no el de su *agente político.* En efecto, el concepto *diferenciador* de *clase en sí* y *clase para sí,* interpretado *dualistamente,* o expresa una especie de *patología social* (como la esquizofrenia en los individuos), lo que evidentemente es absurdo, ya que no existe un *cerebro colectivo*; o es un intento de matriz *idealista* para explicar la razón por la cual la clase obrera no hace *espontáneamente* la revolución proletaria una vez creadas por el capitalismo las condiciones para ello, tal como esperaban los partidos de la II Internacional hasta su voladura por la Primera Guerra Mundial. Vistas así las cosas, no puede negarse que la idea de un *partido-guía* desprende cierto *tufillo* religioso, a *verdad revelada* que debe predicarse a los gentiles, y que Stalin llevaría hasta sus últimas consecuencias imponiendo la implacable dictadura del *partido único.* A partir de entonces, toda crítica o cuestionamiento de sus postulados, así como de su *misión histórica,* pasa a considerarse una *traición,* con desenlace previsible.

La cuestión espinosa de *clase en sí* y *clase para sí,* que puede resultar intelectualmente atractiva al reflejar una realidad compleja mediante una formulación sencilla, pero suele arrojar resultados desastrosos en su aplicación práctica. Ciertamente, tal vez resultara eficaz para las condiciones de la lucha contra el zarismo en la Rusia de principios de siglo XX. Y, por otra parte, es una evidencia empírica que las *clases trabajadoras,* y más concretamente la *clase obrera* fabril, que por sus condiciones laborales está en mejores condiciones de *comprender* la naturaleza *explotadora* del capitalismo, no tiene por costumbre asumir de forma mayoritaria su papel de *clase revolucionaria.* La *explotación* misma es una de sus causas, y la *alienación* su principal efecto.[78] Por eso, para abordar adecuadamente esta *paradoja* hay que entender en toda su *profundidad* que la *clase* es una categoría *social* referida al *sujeto* productivo, no una categoría *individual* o una cualidad *personal.*

Como hemos visto, el concepto *clase social* incorpora necesariamente la *percepción* del papel que cada uno juega en el sistema socioeconómico. Ahora bien, dicha *percepción* no surge de la nada, ni se *crea* espontáneamente. Al contrario, se forma en cada individuo a partir de los aspectos *funcionales* de la *ideología dominante,* que precisamente por eso es *dominante.* Lo que excluye, al menos inicialmente, la *ideación espontánea* de un sistema socioeconómico *distinto* al existente. Pero la *clase social* solo existe en un *entorno* o *medio,* que es algo más que el espacio físico de la fabrica, el taller o la tienda; integra también, y principalmente, las *relaciones laborales:* salario, organización y condiciones del trabajo, realización personal, etc. En las luchas *reivindicativas,* agudizadas en los periodos de crisis, dicha *percepción* se ve *confrontada* con la realidad *jerárquica, antidemocrática, y explotado-ra*, lo que abre la *posibilidad* colectiva (la *individual* es factible desde el momento en el que existe *literatura* donde se cuestiona *críticamente* la *ideología dominante*) de una nueva *ideación* del sistema productivo y, en consecuencia, de todo un sistema social nuevo. Durante la fase aguda de la lucha *reivindicativa* se abre una *ventana de oportunidad* para *integrar* las demandas en la perspectiva *política* de un nuevo *paradigma* socioeconómico. Y para que esa *integración* ocurra se hace necesario el *agente político*.

Cuando Lenin habla de la necesidad del partido como *vanguardia política,* no solo pensaba en *llevar la conciencia revolucionaria a los trabajadores*, sino en una organización *para la revolución* que debía encuadrar a los obreros *conscientes* junto con los intelectuales *liberados de la ideología burguesa,* ser disciplinado, y estar dotado de un Estado Mayor que dirigiera la lucha política y, en su momento, *insurreccional.* Gramsci desarrolló este concepto de partido *leninista* con su aportación sobre el *intelectual orgánico*[79] y las relaciones de la *vanguardia* con las *masas* en un país de capitalismo avanzado, cuya tarea ya no era *fundamentalmente* preparar la *revolución* armada para la toma del poder (sin renunciar a ello, si se daban las condiciones), sino conquistar la *hegemonía* en la *sociedad civil*, rompiendo así con la teoría *fetichista* del partido que se estaba imponiendo en la URSS y, por extensión, en la III Internacional comunista controlada por Stalin. Lamentablemente, la mayor parte de los trabajos teóricos de Gramsci donde aborda los temas del partido los escribe en la cárcel.[80] Se trata de escritos fragmentarios, con argumentaciones y propuestas cambiantes, que se encuentran en fase de elaboración y desarrollo;

susceptibles, por tanto, de diferentes interpretaciones, desde el *eurocomunismo* hasta los *populismos de izquierdas*. Considero poco útil, aunque tal vez resulte gratificante desde el punto de vista académico, debatir hoy, 80 años después, sobre lo que decía o no quería decir el lúcido revolucionario italiano. Un *leninista* convencido por otra parte, algo que se suele olvidar interesadamente. Prefiero quedarme con lo *fundamental* de la aportación teórica de Gramsci al tema que nos ocupa: el *cómo* y el *por qué* del nuevo *agente político* para la *transformación* socialista. Teniendo en cuenta la actual *estratificación clasista* del capitalismo financiero, las sofisticadas formas de dominio *ideológico* en la era de la información, las *estructuras* de poder y las posibilidades abiertas en el *Estado Social y democrático de Derecho* para la *política revolucionaria*. Todo en un mundo *globalizado*, para bien y para mal, donde, por ejemplo, la represión y los atentados contra los *derechos humanos* tienen gran impacto mediático y desatan la respuesta solidaria mundial, en una nueva y más amplia forma de *internacionalismo*.

El nuevo campo de lucha de clases

Y hablando de *derechos humanos*, su plena realización política, social, económica y medioambiental (somos parte de la naturaleza) solo se cumplirá en la futura sociedad socialista. Por eso, resulta repugnante la defensa de los *derechos humanos* restringidos a las libertades políticas mientras mueren de hambre y enfermedades millones de personas, particularmente niños. Pero denunciar esto, no significa considerar *menor* la conculcación de los derechos de *asociación*, *reunión* y *expresión*, sobre todo cuando se hace en nombre del *socialismo*. En este sentido, la *confesión* de Raúl Castro ante Obama de que Cuba cumple 47 de los 61 Derechos Humanos (DUDH), y que no existe un solo país que los cumpla *todos*, es un reconocimiento *involuntario* del fracaso (con serios *atenuantes* geopolíticos, sin duda) de la revolución castrista y su impulso *emancipador*, ya que el *socialismo* es precisamente el cumplimiento de *todos los derechos humanos*.

Este es el escenario donde se desarrolla la acción del *agente político*, y no planteamientos correspondientes a épocas históricas pasadas. Al contrario que en biología, aquí la *función* si hace al *órgano*. Pero también el *órgano* permite desarrollar nuevas *funciones*. Es imposible, por tanto, plantearse el *agente político* para la *transformación* socialista del capitalismo sin un análisis marxista riguroso de la realidad histórica concreta y su interrelación *global*, en nuestro caso con la Unión Europea. Espinoso asunto al que la *izquierda comunista* no ha sabido dar respuesta adecuada, más allá de una serie de slogans trasnochados. Y, para mayor *inri*, en gran parte coincidentes, con la extrema derecha *populista*.

Insisto, debemos examinar sin *dogmatismos*, y a la luz de la rica experiencia adquirida en la *lucha de clases*, con sus triunfos y derrotas, aciertos y errores, la relación del *agente político* con los *movimientos sociales* (incluyendo, lógicamente, el movimiento obrero), las luchas sectoriales, y las nuevas reivindicaciones *transversales* propias del *Estado del Bienestar* y de la *sociedad en red*.[81]

La peculiaridad de nuestro tiempo es que dentro del sistema productivo -el *infocapitalismo*-, e impulsadas por la *Revolución Digital* y el rechazo cada vez mayor a un sistema que, al tiempo que crea riqueza, genera inaceptables niveles de desigualdad, precariedad laboral, deterioro del medioambiente, despilfarro y hambre, se están creando zonas germinales de *socialización*, embriones de *sociedad socialista*; *mutaciones* que facilitan, impulsan y preparan la *transformación* social. A lo que habría que añadir nuevas formas de democracia *deliberativa, participativa* y *directa*, de economía *cooperativa*[82] y *colaborativa*, monedas *virtuales* como el *bitcoin*,[83] nuevos modos de financiación alternativos (trueque, *crowdfunding*, *crowdlending*), espacios de *autogestión* y *autoproducción* (impresoras 3D, por ejemplo), internet *libre* y *código abierto*, redes sociales de *información*, *debate* y *movilización*, etc. Se trata de aspectos de un modelo de *sociedad horizontal* en conflicto irreconciliable, cada vez mas agudo, con la *verticalidad* jerárquica de la propiedad de los medios de producción y venta. Y que *neutraliza* parte de la dominación financiero-industrial clásica del capitalismo.

Todo ocurre en un vertiginoso proceso de desarrollo de las *fuerzas productivas* que está trastocando las formas hasta ahora conocidas de creación de riqueza en el que la posibilidad de crear unos bienes y una información gratuitos y abundantes se ve enfrentada a un sistema de monopolios, dominio financiero y gobiernos *neoliberales*, empeñados en mantener el carácter privado de las empresas y defender la *ley de hierro* del *beneficio* generador de *desigualdad* que caracteriza el *sistema productivo* capitalista. Como señala el Premio Nobel de Economía, Joseph Stiglitz: *Las sociedades sumamente desiguales no funcionan de forma eficiente y sus economías no son estables ni sostenibles a largo plazo... Cuando los más ricos utilizan su poder político para beneficiar en exceso a las grandes empresas que ellos mismos controlan, se desvían unos ingresos muy necesarios hacia los bolsillos de unos pocos en vez de dedicarse en be-*

neficio de la sociedad en general... Trasladar el di-
nero de la parte de abajo a la de arriba reduce el
consumo porque los individuos con rentas más al-
tas consumen un porcentaje menor de sus ingresos
que los individuos con rentas más bajas: los de
arriba ahorran entre el 15% y el 25% de sus ingre-
sos; los de abajo gastan todos sus ingresos.[84]

Lo que se dilucida en la actual fase de la *lu-cha de clases* es la pugna entre *dominio* y *colabora-ción*, entre *jerarquía* y *red*, entre *viejas* formas de *propiedad* económica, moldeadas en torno del ca-pitalismo, y *nuevas* formas que prefiguran lo que ya está siendo el futuro. No llegará *espontáneamente,* ni se implantará desde *fuera.* Será fruto de la *ac-ción* del *sujeto social* y de la *concienciación* promo-vida por el *agente político* en su difícil lucha contra la *ideología dominante.* Que, conviene no olvidarlo, es la parte mas flexible y *modulable*, por exigencias de *dominio*, de los mecanismos de *Subyugación Ideológica.*

Pero va siendo hora de precisar un poco más los conceptos de *sujeto social* y *agente político.* De eso trata el siguiente capítulo.

III. EL SUJETO SOCIAL Y EL AGENTE POLÍTICO

Un error bastante habitual en la literatura política es el de confundir lo que yo denomino *sujeto social* (conjunto de *clases, grupos, agrupaciones,* etc.) destinado a realizar la *transformación* del sistema socioeconómico capitalista, con lo que hasta ahora he venido llamando *agente político* (partido, movimiento o asociación), cuya tarea fundamental es dotar de *programa* y *dirección* al *sujeto social* para que pueda llevar a cabo dicha *transformación.* Esta confusión, junto con la interpretación *dualista* del binomio *clase en si y clase para sí,* está en la base de la *suplantación* de la *clase* por el *partido,* llevada a sus ultimas consecuencias por Stalin (y *epígonos,* más o menos ilustres) en la URSS. El resultado fue el dominio *total* del partido (el *único,* el que lo *sabe todo* en todos los campos del conocimiento, desde el arte a la biología) sobre la sociedad, la inevitable *burocratización* de la economía, un Estado *parasitado,* y el fracaso igualmente *total* del llamado *socialismo realmente existente,* cuya existencia era una dramática *ficción,* insostenible en el tiempo.

El *agente político* nace y se alimenta del *sujeto social,* y éste se manifiesta *políticamente* en aquél. Son dos *momentos* del mismo proceso de *lucha de clases.* De nuevo es necesario esquivar la *tentación* dualista. En realidad, el *agente político* no es más que la parte *organizada* del *sujeto social* que ha conseguido *liberarse* del dominio de la *ideología domi-*

nante.[85] Esta *liberación* es lo que les diferencia. Así, la burguesía emergente tuvo que liberarse de la *dominación ideológica* del absolutismo religioso, y su visión del orden *divino,* para convertirse en clase hegemónica. Y lo hizo tras una dura lucha desarrollada por los *enciclopedistas* y demás pensadores *ilustrados,* cuyas ideas hicieron suyas los primeros *clubs* revolucionarios.[86] Podría hablarse de un *cambio de fase,* como ocurre con el hielo.[87] Ahora bien, una vez constituido *organizativamente* en *parte diferenciada* del *todo social*, puede realizar su trabajo: la lucha *política* por conquistar la *hegemonía* y *liberar* a la mayoría social formada por el conjunto de los trabajadores del *dominio ideológico* que garantiza la pervivencia del capitalismo. Por eso, como ya he señalado, no habrá *transformación* socialista, pese a que se den las condiciones *materiales* para ello, si los trabajadores no se han *liberado* de la *ideología dominante,* uno de cuyos pilares es: *se puede mejorar pero no transformar* (...) porque es el *menos malo de todos los sistemas económicos posibles.* Y, a partir de ahí, vienen los ejemplos. Por eso, cada error en los planteamientos *anticapitalistas,* no digamos en su puesta en práctica, *apuntala* la dominación *ideológica* burguesa. El mejor antídoto es la *fusión* de la práctica reivindicativa y la teoría *política* marxista. Se trata de un largo y difícil proceso *pedagógico* basado en la experiencia de los trabajadores durante el cual el hielo vuelve a hacerse *líquido,* para seguir con el símil físico-químico.

Pero retomemos la terminología clásica para entender mejor la razón de abandonar el termino *partido* y utilizar el de *agente político.* El partido es una organización *política* de la sociedad civil que sirve de cauce a sus demandas y aspiraciones, mientras que el *agente político,* tal como yo lo entiendo, *es* y no *es un* partido. Lo *es* en cuanto que actúa en el *marco* de la sociedad capitalista democrática; *no lo es* por cuanto su acción está orientada a *transformar* dicha sociedad. En ese sentido, el *agente político* es más que un partido, y no puede actuar sólo como un partido. *Refleja* la realidad en la que actúa, pero *expresa* la realidad a la que aspira.

No cabe plantearse en *abstracto* la cuestión del partido, ya que su naturaleza y carácter vienen definidos por su *función política;* y ésta, por la potencialidad *transformadora*, implícita en el desarrollo socioeconómico, del *sujeto social*. Como en tiempos de Lenin, hoy se trata de *repensar* el partido *revolucionario* como el *agente político* para la *transformación* socialista. Sin olvidar nunca que los errores de *diseño* suelen tener dramáticas consecuencias. Por ejemplo, no puede organizarse y actuar de la misma manera, pese a tener aspectos comunes a toda organización política, un partido *del* sistema, que busca su defensa, mejora, o reforma, de otro que, *dentro* del sistema, trata de *transformarlo*. Éste último actúa *en el* sistema luchando *políticamente* contra los mecanismos de *Subyugación Ideológica* que tratan de impedir el apoyo mayoritario de los trabajadores al proyecto socialista; y desde *fuera* del sistema apoyando, impulsando y defendiendo las *estructuras de poder alternativo* creadas en la lucha reivindicativa. En este sentido, podemos decir que se trata de un partido *antisistema,* ya que se propone (y en la *medida* en que *lo* propone) una respuesta de *transformación* socialista a las crisis del capitalismo desarrollado. Es decir, el partido, en tanto que *agente político*, plantea *políticamente* al *sujeto social* que su acción vaya más allá de la satisfacción de reivindicaciones *inmediatas* (sin negarlas) al tiempo que le *propone* construir un *modelo alternativo*, el *socialismo*.

Ahora bien, los partidos no *flotan* sobre la realidad social. Su fortaleza y capacidad *política* dependen de su *relación* con el *sujeto social*. Ocurre como en el mito griego de Anteo, que perdía su fuerza cuando dejaba de estar en contacto con la tierra. En el caso del partido que propone a las clases trabajadoras la *transformación* del sistema capitalista, solo puede actuar como *agente político* si se basa en la teoría *científica* de la *evolución* de las sociedades humanas, el marxismo. Lo que obliga a definir un nuevo tipo de *socialismo,* y no la mera repetición *mejorada* de la fracasada experiencia soviética. Solo así podrá desarrollar eficazmente su *pedagogía* en lucha contra la *ideología dominante,* para que el *sujeto social* pueda actuar como *actor* de la *transformación.* Sin olvidar que la *transformación* del capitalismo requiere que el *sujeto social* ejerza un efectivo *control* democrático de todo el proceso institucional. Un problema que preocupó seriamente a Lenin (con razón, como se vio posteriormente) de muy difícil solución en su tiempo, pero hoy posible gracias a la *Revolución Digital* y a la aparición, desarrollo y consolidación *jurídica* de las nuevas formas *estatales externas* que conforman la *Democracia Ampliada.* La *dictadura* del partido no solo es una *aberración* política desde el punto de vista del marxismo *crítico,* sino que es hoy, en el *Estado Social y democrático de Derecho*, sencillamente *imposible.*

La fatal *inevitabilidad* del socialismo

La relación entre *sujeto social* y *agente político,* aunque no formulada con estos términos, está en la base de las enconadas polémicas surgidas en el seno de la socialdemocracia a principios del siglo XX. Me refiero a la *inevitabilidad* del socialismo, la *espontaneidad* de la lucha obrera, y la relación entre *reivindicaciones* y *revolución*.[88] Pese a que pueda parecer algo ya superado, lo cierto es que sigue condicionando la visión teórico-práctica de los partidos comunistas, por no hablar de la *autoproclamada* izquierda *revolucionaria*, cuya actividad, a la postre, resulta de gran ayuda para el mantenimiento del sistema que dice combatir. Por eso, el debate del partido debe centrarse en las respuestas a cuestiones *estratégicas* tan fundamentales como: ¿cuál es papel, y cómo debe ser la organización, del *agente político* para la *transformación* socialista en el actual desarrollo del capitalismo global y financiero, y dentro del *escenario* político-institucional del *Estado Social y democrático de Derecho?*.

Es cierto que la propiedad privada de los medios de producción y el sistema socioeconómico del llamado capitalismo *democrático*, son fenómenos históricos que pueden y deben ser *trascendidos* por la acción *política* de las *clases trabajadoras*. Pero nada de esto avala su *inevitabilidad*, lo que haría innecesaria la acción del *agente político*. El que los seres humanos hagamos la historia de acuerdo con la realidad socioeconómica no significa que actuemos como *autómatas*. La hacemos de acuerdo a como nos *proponemos* hacerla, y a la correcta estimación de las *posibilidades* para llevar a cabo nuestro proyecto. Tras cualquier tipo o formulación de *determinismo estructuralista,* al que me he referido en el capitulo primero, asoma la patita el *catastrofismo* economicista. Que, eso sí, necesita a veces de un empujoncito *voluntarista*. Tengo la impresión de que muchos de los acérrimos defensores del *materialismo histórico* no han entendido de forma *científica* la verdadera dimensión de su *dialéctica*. Nada nuevo, por otra parte. Lenin, para comprender el fiasco de la II Internacional y la actitud *patriótica* de los partidos socialistas ante la Gran Guerra, se dedicó en plena vorágine política (1914) a estudiar *La ciencia de la lógica* de Hegel.[89] El marxismo *oficial*, desarrollado por pensadores a los que admiraba, como Karl Kautsky, hacía aguas ante el conflicto bélico, dejando sin fundamento teórico -ni razón de ser-, a la hasta entonces pujante II Internacional. Para entender en profundidad tal actitud volvió a sumergirse en la *dialéctica* hegeliana, pero desde el punto de vista marxista. Este aspecto suele ser ignorado por los *leninistas de manual*. Por eso resulta alentador que haya pensadores de izquierdas, nada contemporizadores con el *neoreformismo* marxista, que lo hayan planteado. Es un tema apasionante, que desborda los objetivos de este trabajo.[90] Baste con el apunte.

Por cierto, algunos *marxistas revolucionarios*, y no solo ellos, olvidan demasiadas veces que el *movimiento dialéctico* exige que la *superación* sea una *síntesis*, y no un eterno poner el contador a *cero*. Lenin lo entendió cuando tuvo que aplicar, pese a las resistencias *izquierdistas*, la NPE en 1921, en sustitución del *comunismo de guerra,* ante el desastre económico y la hambruna provocada por la caída de la producción agraria, que ponía en peligro la existencia del joven Estado Soviético. Desgraciadamente para los rusos, y para el movimiento comunista internacional, Lenin murió tres años después. En 1928, Stalin reemplazó la NEP por el Primer Plan Quinquenal, el mecanismo ideado para desarrollar *forzosamente* el capitalismo de Estado en la URSS.[91] Veremos la importancia de este principio *dialéctico* más adelante.

Conciencia socialista y clase obrera

Marx no llegó a formular un concepto definido del *partido revolucionario* acorde a sus teorías. Partió de la existencia de los primeros partidos obreros de Alemania, Francia y Gran Bretaña, con los que no siempre mantuvo una relación *amistosa*, aunque nuca dejó de defenderlos y apoyarlos. Le preocupaban sus políticas y programas, no el tipo de organización más eficaz para llevarlas a cabo. Son conocidas sus críticas a los postulados de Proudhon y Lassalle, con los que mantuvo unas relaciones difíciles, tanto en lo personal como en lo político, muchas veces conflictivas.[92] Así, lo mismo rebatió la idea de una organización de *vanguardia*, como insistió en la necesidad de *introducir la conciencia socialista revolucionaria en la clase obrera*. Esta idea, que Lenin llevaría hasta sus últimas consecuencias, la desarrolló más explícitamente Engels y, posteriormente, otros dirigentes socialistas como Kautsky.[93] El programa de Hainfeld (1889) de la socialdemocracia austríaca, por ejemplo, afirma: *La conciencia socialista es llevada a la lucha de clases proletaria desde afuera, no es algo que orgánicamente se desarrolle a partir de la lucha de clases.* A su vez, el programa de Erfurt (1891) del partido socialdemócrata alemán, donde se declaró oficialmente marxista, matiza el mismo concepto al proponer que: *La tarea del partido socialdemócrata es la de modelar esta lucha de la clase obrera en una lucha consciente y homogénea, y señalar cuál es la naturaleza de su meta esencial.*[94] Kautsky abunda en la idea: *Luego, el portador de la ciencia no es el proletariado, sino los intelectuales burgueses. Es, en efecto, en el cerebro de algunos individuos de esa categoría donde ha nacido el socialismo contemporáneo, y por medio de ellos el socialismo ha sido comunicado a los proletarios intelectualmente más desarrollados, quienes lo introducen luego, donde las condiciones lo permiten, en la lucha de clases del proletariado. La conciencia socialista es, por*

*tanto, un elemento importado desde afuera a la lu-
cha de clases del proletariado y no algo que haya
surgido de ella en su origen. Así el viejo programa
de 1888 del partido decía muy justamente que la
tarea de la socialdemocracia es la de introducir en
el proletariado la conciencia de su situación y la
conciencia de su misión. No habría ninguna necesidad de hacer eso si tal conciencia emanara por sí
misma de la lucha de clases.*[95]

Este *desde fuera* es una manifestación de
paternalismo intelectual, comprensible, hasta cierto punto, en su época. Parte de constar que el *conocimiento* científico -y la educación superior en ge-
neral- solo podía estar al alcance de la burguesía.
Pero lo que era entonces cierto, hoy carece de sentido. Por no hablar de que lo *científico* no se referencia a la *conciencia* sino al *conocimiento*, que no
es lo mismo. Lenin abundaría en la idea, pero cambiando en el concepto de *ciencia* por el más adecuado de *conciencia* revolucionaria marxista, organizada de cuerdo a su concepto de partido, y dentro
de la común organización socialdemócrata. Finalmente, Stalin consagraría esa idea de *conciencia externa,* producto del momento histórico en la que
surge, en un *dogma* para justificar la *dictadura* del
partido, el único que *sabe*. La concepción marxista
inicial de *clase en sí* y *clase para sí* resultó, a la postre, un *cortada*.

La visión del partido de la clase obrera asociado a la II Internacional, y por lo tanto sus tareas,
estaba condicionada por una concepción marxista
de sesgo *economicista*, según la cual el socialismo
era la *inevitable* consecuencia del desarrollo del capitalismo, con el consiguiente crecimiento numérico del *proletariado*, que terminaría siendo abru-
madoramente mayoritario frente a una burguesía

cada vez más *oligárquica*. Un *proletariado* cuya *conciencia de clase,* bajo la dirección de la social-democracia, crecería exponencialmente a la par que sus luchas contra el capital. El partido era una especie de *matrona,* cuya función sería la de facilitar el *parto* de la nueva sociedad. Estamos, por tanto, ante un problema *dialéctico* de primera magnitud: la relación entre lucha reivindicativa *sindical* y la lucha *política revolucionaria.* Que es otra manera de formular lo dicho hasta ahora sobre *clase en sí y clase para sí,* y sobre *sujeto social* y *agente político,* cuya separación *dualista* impide cualquier aproximación *científica* al problema.[96]

Pero el hecho de que el *proletariado* no se comportara como *preveía* la teoría marxista, y diera la espalda a los procesos revolucionarios, o se plegara a la dirección de la burguesía, trastocó este *simplista* planteamiento de la *lucha de clases,* y puso sobre el tapete la cuestión, apuntada por Marx, pero olvidada en el fragor revolucionario de los años 30 a 90 del siglo XIX, que una cosa era la *pertenencia* a la *clase* y otra comportarse como se esperaba de ella, de acuerdo a sus intereses antagónicos con el capital.[97] No es extrañar que Lenin abandonara el rígido punto de vista del partido de la *ortodoxia marxista,* y planteara la necesidad de *reformularlo* dado que las luchas en torno a reivindicaciones *económicas* inmediatas, incluso las conquistas *democráticas* que puedan alcanzarse dentro del sistema capitalista, son incapaces *por sí mismas* de desarrollar la *conciencia de clase* de los trabajadores. El partido era la condición *necesaria* para que tal cosa ocurra. El triunfo de los bolcheviques sancionó la concepción *leninista* del partido *revolucionario.*

Pero esto es solo *parcialmente* cierto. Hay que precisar que se entiende *por sí mismas,* y no confundirlo con *por sí solas,* para no caer en una especie de *paternalismo* inaceptable. Dicho de otra forma, la acción *pedagógica* (político-práctica) del partido es *necesaria* pero no *suficiente.* Dicha *pedagogía* será *ineficaz* si no se inscribe en la lucha por las *reivindicaciones* inmediatas concretas. No debemos olvidar que cuando las *demandas,* incluso las más *radicales,* son satisfechas, el sistema *paradójicamente* se fortalece, se *inmuniza,* se refuerza *ideológicamente* al mostrar que todo cabe, mediante *pacto* o *acuerdo,* dentro del sistema capitalista. Por eso, el *agente político* para la *transformación* socialista debe mostrar la *relación estratégica* entre la lucha por mejoras *asumibles* (en las que debe *participar* activamente), y la lucha por otro *modelo productivo* que no solo incluya la realización plena de dichas *demandas,* sino que las *garantice* y mejore. Un sistema productivo *autogestionado, racional* y *público,* que posibilite la realización *automática* de las *demandas* que seguirán surgiendo.

La *pedagogía* del *agente político* tiene su vertiente *práctica* en las propuestas programáticas. Debe introducir en el debate leyes que consagren y garanticen las reivindicaciones de los trabajadores, y que protejan e institucionalicen las *formas estatales externas* que conforman la *Democracia Ampliada.* Todo con el objetivo de establecer avances *estratégicos* al socialismo de los que hablaré más adelante. Porque, a diferencia de anteriores *épicas emancipadoras* de lucha obrera, hoy existen *espacios* económicos y organizativos de *socialización* que se pueden conquistar *dentro* del actual sistema capitalista desarrollado, como el *Estado del Bienestar* o la economía *colaborativa.* De ahí la *incomodidad* del *neoliberalismo* ante éstas *conquistas* de derechos sociales y los progresos de la *autoorganización horizontal,* con su enorme dimensión económica. El *Estado del Bienestar* no deja de ser un cuerpo *extraño,* necesario para la estabilidad y *paz social,* que el sistema trata de contener, limitando su dimensión *pública* mediante la *privatización* de los campos más *atractivos* económicamente. No es de extrañar que, bajo la proclama electoralista de su *viabilidad* económica, busque hacerlos *imposibles.* La importancia estratégica del *Estado del Bienestar* es tal que merece un capitulo aparte. Lo veremos más adelante

En definitiva, nos encontramos ante la diferencia fundamental entre la concepción del *agente político* para la *transformación* socialista en la actual fase de desarrollo del capitalismo, y la idea del histórico partido *insurreccional,* cuyo objetivo es la conquista *revolucionaria* del poder para iniciar, desde *cero* (nacionalización *global* del sistema productivo, con pequeñas excepciones, principalmente referidas al campesinado) y la construcción desde *arriba* de un supuesto *socialismo.* Los resultados empíricos son de sobra conocidos. En la *experiencia* de construcción del socialismo, la URSS, terminó por instaurar el *capitalismo de Estado,* el dominio burocrático sobre la economía, la dictadura política del *partido único,* y el *control total* sobre la sociedad. Su derrumbe, tras intentar contener violentamente la protesta interna, era inevitable. Y en los *sistemas socialistas* que perviven, como China o Vietnam, y, en menor medida Cuba, se desarrolla *exitosamente* una imparable *evolución* controlada y *alentada* (el famoso *gato blanco* y *gato negro* de Deng Xiaoping) por el partido comunista hacia el capitalismo puro y duro. La excepción, nada *ejemplarizante*, es Corea del Norte, una especie de *parque temático* de lo que pudo ser y no fue.

Todo lo cual no anula el heroico esfuerzo *emancipador* de las revoluciones *comunistas,* y los grandes avances en aspectos sociales de tanta trascendencia como la seguridad en el empleo, la educación y la sanidad. Pero estos innegables logros no han conseguido *garantizar* su éxito *evolutivo* al destruir sus mecanismos de *supervivencia* e *integración* de unos conflictos *reales,* pero que no podían *existir* salvo como parte de una *conspiración* imperialista. La *contundencia* de los hechos siempre termina por imponerse a la *retorica* de las teorías *pseudocientíficas.*

Espontaneísmo reivindicativo y voluntarismo revolucionario

En la concepción del partido como *vanguardia insurreccional* se supone que, en las luchas previas, se ha *introducido* la *conciencia de clase* en las grandes masas, y que éstas *seguirán* al partido *revolucionario* en su conquista del poder. Ciertamente, es lo que ha ocurrido en Rusia durante la Gran Guerra, en la lucha anticolonial y contra la ocupación extranjera en China, Laos y Vietnam, o en la insurrección guerrillera contra la dictadura neocolonial en Cuba. En todas ellas se daban circunstancias históricas concretas, de carácter *excepcional,* que partidos y movimientos revolucionarios supieron *interpretar* correctamente. Pero solo desde el *imaginario* marxista, pero no desde la *ciencia política* marxista, pueden calificarse de revoluciones *proletarias,* dado el imprescindible componente *campesino* de todas ellas. La Revolución de Octubre, tras la toma del Palacio de Invierno por los bolcheviques y la *institucionalización* del poder de los *soviets de obreros y soldados,* se encontró pronto con el problema de la *mayoría social* campesina del país. La NEP, de la que ya he hablado, es la demostración de las *limitaciones* internas en la *construcción* del socialismo cuando el capitalismo no ha desarrollado todavía su *potencial* de crecimiento, ha reducido sustancialmente el papel del campesinado en la economía, y creado una potente y mayoritaria *clase obrera*. Demasiadas veces se olvida que Lenin, consciente de la realidad socioeconómica de Rusia, esperó inútilmente a que se produjeran las *inevitables* revoluciones obreras en los países capitalistas más avanzados, como *garantía* de que el poder soviético podría mantenerse y avanzar en la construcción del socialismo. Cuando no se produjeron surgió el problema, no contemplado por la teoría marxista, de que hacer con la *singularidad* creada. La *solución* de Stalin es de sobra conocida. Visto con la suficiente perspectiva histórica, el *estalinismo* fue un instrumento *despótico* de *modernización* de un país atrasado como Rusia, pero con inmensas riquezas naturales. Hoy, tras más de 70 años *construyendo* el *socialismo*, Rusia es un país de capitalismo avanzado y alto nivel tecnológico.[98] Lo dramático de esta realidad empírica, cada vez más difícil de justificar desde presupuestos *ortodoxos* marxistas, es que el fracaso de la URSS y su *campo socialista*, Pacto de Varsovia incluido, ha terminado por convertirse en uno de los argumentos mas eficaces de la *ideología dominante* neoliberal para combatir las ideas socialistas. Es lo que tiene la historia pese a su carácter *caótico*: todo tiene consecuencias, su peculiar *efecto mariposa*.

Este *voluntarismo moldeador de la realidad* (ahora los *posmodernos* hablan de *discurso performativo*), eje de la *estrategia* de los partidos comunistas *tradicionales*, es la otra cara del *catastrofismo revolucionario,* y su correlato, el *espontaneísmo,* que parte de la idea de que el capitalismo terminará *inexorablemente* sucumbiendo por su incapacidad para superar sus crisis, cada vez más amplias y profundas. Agotado el sistema, alumbrará otro. Solo hay que esperar. Una visión de la historia muy poco *dialéctica*, que conduce lógicamente a la *pasividad*. Nunca ha demostrado su corrección teórica ni su viabilidad práctica, y ninguna de sus *predicciones* se han cumplido. Así, podemos encontrar una mortífera mezcla de *catastrofismo* y *voluntarismo* en el frustrado levantamiento de la Liga Espartaquista (*Spartakusbund*) del que recelaba, por *prematuro,* con toda la razón Rosa Luxemburgo, aunque terminó apoyándolo una vez iniciado.[99] Fue una trasposición *mecánica* de la Revolución de Octubre a un país, Alemania, mucho más desarrollado económicamente, con la *clase obrera* históricamente más preparada de Europa, y con una amplia tradición de lucha reivindicativa. En esas condiciones *óptimas* no podía fracasar... ¡pero fracasó! Echar la culpa a la falta de *conciencia* de las masas trabajadoras, o a la *traición* de la socialdemocracia alemana, tiene muy poco de análisis *científico* marxista. La sangrienta represión, ordenada por el socialista Gustav Noske, Ministro de Defensa Nacional, y la *pasividad* de la mayoría de los trabajadores, junto con algunos errores *tácticos* de los insurrectos, supuso una grave derrota del movimiento obrero alemán, y el fin de las *posibilidades* abiertas con la toma del Palacio de Invierno por los bolcheviques y la instauración del poder de los *sóviets de obreros y soldados* (luego, también, como no, *campesinos*) A partir de este fracaso, comenzaría un largo *invierno* para las esperanzas revolucionarias de los comunistas, el reflujo de las luchas emancipadoras, y el ensimismamiento filosófico de los *marxistas occidentales*. Por no hablar del daño irreparable que significó el asesinato de Rosa Luxemburgo, una de las más lucidas y creativas pensadoras marxistas de su tiempo, y Karl Liebknecht.

Lo realmente increíble es que, pese a las lecciones de la historia, el *catastrofismo* y su compañero el *voluntarismo,* sigue obnubilando la imaginación de algunos *revolucionarios* profesionales que llevan más de un siglo pronosticando el *gran derrumbe,* y la súbita toma de *conciencia* de las grandes masas trabajadoras. El resultado, pese a tantos sacrificios personales, es la *marginalidad* política de los comunistas, y la aparición de los *populismos de izquierda* teorizados, entre otros, por Laclau y Mouffe. Eso, cuando no se recurre a provocar el *estallido* revolucionario mediante acciones violentas que *despierten* a la adormecida clase obrera, como ocurrió con las *Brigate Rosse,* la *Fracción del Ejercito Rojo,* el FRAP, los *Grapo,* en Europa, o *Sendero Luminoso* y otras guerrillas en América Latina.

Éste *mesianismo catastrofista* no es más que una *derivada* del marxismo *dogmático,* bautizado con el escolástico nombre de *marxismo-leninismo,* engendro doctrinal que el propio Lenin habría rechazado. Invención *creativa* de Stalin, adoptada por la III Internacional como fórmula de control *ideológico* del *movimiento comunista* al servicio de los intereses de la URSS.[100] Esta *doctrina* cuya interpretación correcta corresponde al partido *auténticamente* revolucionario, único representante de la *clase obrera,* frente a herejes, renegados, traidores y *revisionistas* de toda laya (¡pero si la ciencia avanza gracias a los *revisionistas*!) aseguraba el triunfo *inexorable* de la revolución proletaria en todo el planeta. Durante décadas, la *pedagogía política* se convirtió en *evangelización doctrinal.* Es la poderosa sombra *judeo-cristiana* de la cultura occidental, solo que ahora el *paraíso* prometido se construye en la tierra. Y, cuando se instaura suele devenir en un *infierno* (gulags, campos de reeducación) para millones de personas, cuando no en matanzas para crear el *hombre nuevo,* como ocurrió en Camboya de la sangrienta mano *maoísta* de los *jemeres rojos.* El marxismo, que empezó siendo un intento de interpretar *científicamente* la realidad histórica de las sociedades humanas y sus mecanismos *evolutivos*, terminó por convertirse en pura *superstición; eso sí, materialista dialéctica, e histórica.*

La realidad es que, después de casi siglo y medio de marxismo *ortodoxo* y su continuidad, el *marxismo-leninismo-pensamiento Mao Tse-Tung,* el *socialismo* sigue siendo una noble *aspiración,* todavía por materializarse pese a las continuas luchas obreras por sus derechos económicos, sociales, y políticos. Digámoslo claramente, sin ambigüedades: el socialismo es una *posibilidad evolutiva* generada por el desarrollo del sistema capitalista. Una *posibilidad* que solo se hace *realidad* a partir del capitalismo. Esa es la tarea, cada vez más urgente y necesaria, del *agente político* para la *transformación* de la sociedad.

Los gravísimos problemas económicos, políticos, sociales y medioambientales, generados por el capitalismo, cuya creación de riqueza se basa en el *incremento* insoportable de la *desigualdad,*[101] la explotación *irracional* de los recursos naturales, y la *pobreza* de la mayor parte de la población mundial, convierten la *transformación* socialista, hoy más que nunca, en una *oportunidad* factible y necesaria. Muy particularmente en los países capitalistas inmersos en la *Revolución Digital.* Por eso es urgente, sobre todo tras la aparición de soluciones *populistas* para encauzar el *malestar* social y el *hartazgo* ciudadano, definir los métodos y los medios para conseguirlo. Y responder a la pregunta clave: ¿cuál es el papel, la función y la forma organizativa del *agente político* para la *transformación* de la sociedad en el siglo XXI?.

Frente a la idea, propia de las luchas obreras de los siglos XIX y XX, de que el partido (socialdemócrata primero, comunista después) es un *instrumento* para hacer *revoluciones* al que deben *seguir* las masas obreras (la teoría *leninista* de la organización es, sobre todo, una teoría de la *revolución*), en el siglo XXI el viejo partido solo puede cumplir su papel si se convierte en *agente político*, en *instrumento* necesario para liberar de la *subyugación ideológica* a la gran mayoría de los trabajadores. Condición imprescindible para que la lucha pase de la *protesta contra* a la *construcción de,* permitiendo así que se creen las condiciones político-institucionales de la *transformación* socialista.

Se trata de tareas *políticas* distintas de las que existían, o puedan existir en el futuro, en una dictadura, o en un país atrasado económicamente. Hoy la *hegemonía* político-institucional se alcanza de distinta manera. Incluye, junto al necesario e imprescindible apoyo *electoral* para ocupar *posiciones* en el sistema representativo, la organización y defensa de *formas estatales externas* de la *Democracia Ampliada*, creadas durante la lucha de las clases trabajadoras por sus demandas, y en la defensa y ampliación de las libertades.[102] Todo ello conforma la necesidad de un nuevo tipo de partido *de masas, en las masas, y para las masas.*

Llegados a este punto, ya estamos en condiciones de poder analizar las condiciones específicas concretas en las que se desarrolla la *lucha de clases* en nuestro país. Porque son ellas, y no me-

ras formulaciones abstractas, más o menos ingeniosas, las que van a determinar el papel y tareas
del *agente político*.

IV. EL ESCENARIO ACTUAL DE
LA LUCHA DE CLASES

Los procesos históricos no tienen una ruta *prefija-da* e *inamovible,* de menos a más, como parece desprenderse de una lectura *mecanicista* del *materialismo histórico.* Esta visión ingenuamente *progresista,* teleológica, lineal, de la los procesos sociales no soporta el menor escrutinio empírico. Lo curioso es que pensadores *posmarxistas* con los pies en la tierra, como Erik Olin Wright, sigan persiguiendo esa quimera *determinista.* En su, por otra parte, excelente libro *Construyendo utopías reales,* al que ha tenido ocasión de referirme otras veces por lo acertado de los problemas que planea y lo correcto de algunas de sus soluciones, habla de *proyecciones científicas* del futuro del capitalismo, así como de la necesidad de *identificar los procesos causales subyacentes que las generaban.* Y no duda en afirmar: *Se trata esencialmente de la misma lógica que se emplea hoy en la predicción por ordenador para asuntos como el calentamiento global: se comienza con una serie de tendencias históricas observables hasta el presente y luego se proponen modelos de procesos causales de los que se piensa que generan aquellas tendencias que reflejan la trayectoria observada. Conjuntamente con suposiciones acerca del comportamiento de otros parámetros, este procedimiento permite una serie de predicciones acerca de la trayectoria en el futuro por medio de simulaciones de ordenador.*[103]

En su loable afán por eliminar todo rastro de *idealismo* en sus propuestas programáticas, Wright comete un error de principio. Es cierto que los fenómenos causales físicos, aunque sean *caóticos* (efecto mariposa) se pueden predecir hasta cierta *profundidad* temporal, pero siempre y cuando se cuente con suficiente *información* del sistema y en función de su *calidad*. Afortunadamente, eso no es posible en los fenómenos *sociales,* donde rige el principio de *incertidumbre* y la *información* se *autogenera*, entre otras razones, porque es consecuencia de la acción *voluntaria* de sus componentes. Por ejemplo, es imposible predecir *científicamente* el comportamiento de la bolsa; de lo contrario, carecería de sentido su existencia ya que todos podrían ganar. Desde luego la *información* ayuda a reducir el nivel de *incertidumbre*; y si la información es *privilegiada* -la fusión, quiebra o venta de empresas, por ejemplo-, la posibilidad de *acierto* crece de manera exponencial. Por eso utilizarla cuando se obtiene, aunque sea de forma legal, se castiga penalmente. No es de extrañar que los economistas sean muy buenos pronosticado el *pasado*.

Éste elevado factor de *incertidumbre* es el que explica la necesidad de un *ordenamiento jurídico* que de ciertas garantías, y justifica el papel del *agente político*. La cuestión es que el *sistema productivo* capitalista solo puede funcionar con un nivel suficiente de *incertidumbre* capaz de propiciar e impulsar la competencia en el *mercado libre*, que es uno de sus motores más efectivos de crecimiento. Por el contrario, en una economía *socialista*, dotada de una potente capacidad *pública* de *procesar* los *big data* generados por el sistema, puede *predecirse,* con un alto nivel de *probabilidad*, como será su comportamiento global en el futuro inmediato. Se evitaría así el despilfarro de riqueza y la pérdida de puestos de trabajo que generan las necesarias y periódicas *crisis de ajuste* del capitalismo, incapaz de soportar un nivel elevado de *regulación* estatal. La *sociedad de la información* muestra las limitaciones del sistema socioeconómico capitalista, e impulsa su *superación*.[104] Todavía no somos plenamente conscientes de las grandes transformaciones socioeconómicas que la llamada *Revolución 4.0* está desarrollando ante nuestros ojos a velocidad de vértigo. Se trata de un proceso *disruptivo* que no se limita a mejorar los productos y servicios existentes, sino que trastoca la actividad productiva y sus reglas en numeroso ámbitos, desde la *robótica* a gran escala y en campos hasta ahora impensables, hasta las *células madre* y la ingeniería genética, pasando por el *Internet de las cosas,* la *conectividad* de los dispositivos, las comunicaciones móviles, las *redes sociales,* la *inteligencia artificial,* las *fintech,* la *minería* de los *Big Data,* las formas digitales de *trueque*, etc. Pero no nos adelantemos.

Ya hemos visto como el *determinismo economicista*, injustamente achacado a Marx, y tenazmente combatido por Lenin, condujo a la *pasividad revolucionaria*, característica de la socialdemocracia de la II Internacional, con excepción de los bolcheviques rusos y algunas corrientes de izquierda en otros países, al partir del supuesto *científico* marxista del *forzoso* derrumbe del capitalismo y la *inevitabilidad* del socialismo. Confundían, y confunden, la *determinación materialista* del futuro sistema con el *inexorable* derrumbamiento del actual. Confundían, y confunden, el hecho *científico* de que el capitalismo crea sus propios *sepultureros*, como anunciaba gozoso el *Manifiesto Comunista*, con que éstos lo meterían *irremediablemente* en la tumba, en una *pirueta* que recuperaba, paradójicamente, la concepción *idealista* hegeliana de la *realización* histórica del Espíritu.

Como ya he dicho, y no me cansaré de repetirlo, el desarrollo *histórico* de las sociedades humanas es un proceso *evolutivo* sujeto a las leyes *emergentes* de carácter *probabilístico,* propias de un sistema *complejo, abierto* y no *lineal.* El más complejo que existe en la naturaleza, por contener un elemento nuevo, la *conciencia* de unos seres capaces de *pensar, hacer, evaluar, pensar, hacer...* Por eso, los procesos históricos muestran la gran *diversidad* de formas en que se resuelven las *potencialidades evolutivas* de las sociedades humanas. Hay *estancamiento* (aborígenes e indígenas *prehistóricos* en Australia, África y América), *cambio* (sistemas industriales antiguos, modernos y actuales) *transformación* (agricultores-recolectores, sociedades agrarias, mercantiles, capitalistas... socialistas en un futuro más o menos inmediato) e *involución* (ciertas sociedades en la Alta Edad Media, y el paso del *pseudo socialismo* soviético y similares al capitalismo) Incluso dentro de las sociedades desarrolladas es posible encontrar algunas formas, más o menos desarrolladas o *residuales,* de *estancamiento, cambio, transformación* e *involución.* No existen sistemas *puros,* salvo los que se dan en la mente de los nuevos *idealistas.*

El juego dialéctico de la *lucha de clases*

El *determinismo materialista* parte del hecho elemental de que nada surge de la *nada,* y todo de la *cabeza pensante* del ser *Homo sapiens* en su *relación* con sus semejantes y la naturaleza. Entre otras cosas por que la famosa *nada* no existe (en el nivel último de la materia la *nada* es un *campo*), aunque resulta un concepto muy útil, como el *cero.* En ese sentido, salvo *imposición* exterior mediante *conquista*, lo que resulta incompatible con la misma idea de socialismo, el *socialismo* solo es posible *a partir* del capitalismo; todo *atajo* suele saldarse con un fracaso, generalmente trágico. Pero si las condiciones de existencia del capitalismo *determinan* la *posibilidad* del socialismo, ¿cómo se convierte esa *posibilidad* en *realidad*? O, dicho de otra forma, ¿qué *mecanismo* evolutivo hace posible la *transformación* del sistema en otro distinto y, en ese sentido, *superior*? Es una respuesta fácil para todo marxista, aunque no todos son capaces de sacar las conclusiones adecuadas: la *lucha de clases* que surge de la *contradicción fundamental* entre *fuerzas productivas* y *relaciones de producción*. Ahora bien, el concepto *lucha de clases* es una *abstracción taquigráfica* que esconde más preguntas que respuestas. Suele entenderse como una especie de *demiurgo* que todo lo explica, y en nombre del cual se cometen las mayores fechorías, sin avanzar por ello en la *transformación* social que se invoca para justificarlas. Un *cajón de sastre* (mejor, *desastre*) donde colocar lo que no se entiende. Es necesario, por tanto, precisar que se entiende por *lucha de clases*

Como he dicho, la *lucha de clases* es la *expresión dialéctica* de las *contradicciones* inherentes a todo sistema socioeconómico basado en la *desigualdad* y sus consecuencias: la *jerarquización* del cuerpo social y el *poder* institucional, sea éste de la naturaleza que sea. Así, desde el sistema más elemental de los *cazadores-recolectores* hasta el más desarrollado del *capitalismo financiero*. Obviamente, si desaparece la *desigualdad* desaparecen las *clases* y su *lucha*, pero no el *motor* de la evolución, la *contradicción fundamental* señalada. De lo contrario, se pondría fin al *progreso* de la sociedad, aunque sin *clases* se realice por otros medios. Ahora bien, precisamente por ello, su *expresión* debe ser compatible con la *supervivencia* del sistema; de lo contrario seria *inexplicable* la historia de la humanidad. Es decir, la *contradicción fundamental* no presupone la *transformación inevitable* del sistema sino su *posibilidad*. La *transformación* dependerá del desenlace de la *lucha de clases* alumbrada por la *contradicción fundamental*, que se manifiesta en una compleja *trama* de *contradicciones* cambiantes según se desarrolla el sistema socioeconómico y la *lucha de clases* que conlleva dicho desarrollo. Este desenlace dependerá, a su vez, de la acción *inmunológica* del propio sistema; de su capacidad por neutralizar los efectos *nocivos* de la *lucha de clases*, integrando las demandas *asumibles* y *reprimiendo* (física, jurídica e ideológicamente) los intentos de superar la capacidad del sistema. Los distintos intereses de los integrantes del sistema socioeconómico, contrapuestos, antagónicos, complementarios, etc. forman parte de la *naturaleza* del propio sistema, por lo que necesita mantener un mínimo nivel de *paz social*. Para ello cuenta con mecanismos *coercitivos* e *ideológicos*. Se trata de un juego *dialéctico* de *reivindicación-negociación-cesión-reivindicación*... Un *bucle* que solo se rompe con la represión violenta temporal (golpe de estado, dictadura militar, autoritarismo parlamentario) o con la *transformación* del sistema socioeconómico si la mayoría social consigue *neutralizar* los mecanismos *coercitivos,* y *liberarse* de la *subyugación ideológica*. Mientras, la *cesión* de las reivindicaciones no puede *exceder* el marco *funcional* del capitalismo, ya que ningún sistema productivo se *suicida* (su *mecanismo* de *apoptosis* es la *reforma,* que elimina los elementos disfuncionales) Y eso sirve también para las *mutaciones* surgidas en el capitalismo, que terminan por *integrarse* operativamente en el sistema productivo o ser rechazadas. El ejemplo más notorio, del que hablaré más adelante, es el *Estado del Bienestar.* Puede ser una conquista *estratégica* para la *transformación* del sistema socioeconómico, o una parte *funcional* del sistema capitalista avanzado. En el primer caso, no solo se desarrollará hasta abarcar más aspectos de la vida social, como se hizo con la *ley de dependencia,* sino que pasará de ser *propiedad estatal* a *propiedad pública,* de gestión política *delegada* a *autogestión* democrática.[105] En el segundo caso, será un *espacio* estatal, cuya gestión y explotación económica de las áreas más rentables se entregará, como ya está ocurriendo, al sector *privado*. El desenlace dependerá, precisamente, de la *lucha de clases* y de su nivel de *politización.*

Lo que nos lleva a una de las aportaciones mas importantes de Lenin, que no se suele tener suficientemente en cuenta, quizás por su carácter *antidogmático*: la necesidad de una comprensión profunda de la *coyuntura,* el análisis concreto de la situación concreta, la valoración justa de la correlación de fuerzas, para lo cual debemos tener en cuenta *lo que es* y no lo que la *teoría* dice que *debería ser.* Parafraseando el dicho periodístico, hay políticos y partidos de izquierdas empeñados en que *la realidad no les estropee una buena teoría.* En esa misma línea de pensamiento, Gramsci escribió, en 1917, su famoso artículo *La revolución contra El Capital,*[106] en el que criticaba la *escolástica marxista* para la cual la revolución no podía ser otra cosa que la realización práctica de lo planteado en los libros *fundacionales* del marxismo.

Por todo lo dicho, debería estar claro que la *transformación* solo es posible cuando la reivindicación *desborda* los límites del sistema y deja *fuera de servicio* los mecanismos *inmunológicos* de supervivencia. Y eso ocurre, como hemos visto, si los *sujetos sociales* involucrados, la inmensa mayoría de las *clases trabajadoras* comprenden la *posibilidad,* y admiten la *necesidad,* de escapar al *bucle reivindicativo,* avanzando en la *transformación* del sistema socioeconómico. Necesidad que se hace más *visible* en los momentos *agudos* de las crisis periódicas del capitalismo, como la actual. Esa es la función y papel del *agente político.*

Vayamos ahora directos al meollo del asunto: los datos fundamentales de la *coyuntura* en nuestro país. En primer lugar, el carácter y naturaleza *político-instrumental* del *Estado Social y democrático de Derecho,* que es la forma en que ejercen su *poder* las *clases dominantes* en la democracia liberal contemporánea. Luego, el *papel* socioeconómico del *Estado del Bienestar* en la sociedad capitalista actual. Estos dos elementos configuran un nuevo e inédito *escenario* de la *lucha de clases,* y determinan el proceso de *transformación* socialista, al tiempo que plantean interrogantes políticos *impensables* en la época de Marx y Lenin.

Desaparecido el *campo socialista,* que era el *modelo* marxista hecho realidad, nos volvemos a enfrentar a la necesidad de pensar la *alternativa científica* al capitalismo actual. Esa que no existe ni puede existir para los apologetas del *neoliberalismo* y el *fin de la historia.* Supremo recurso dialéctico ante la falta de soluciones eficaces, incluido el *austericidio,* a la crisis capitalista iniciada en 2008.[107] Si esto es *malo,* vienen a decir, el resto es *peor.*

Un nuevo espacio para *lucha de clases*

Antes de analizar las condiciones en la que se desarrolla actualmente la *lucha de clases* en los países democráticos avanzados, y de plantear la *alternativa* al capitalismo financiero global, conviene no olvidar que todo *modelo* de *transformación social* se crea transformado. Y que el sistema se *transforma* siempre a partir de lo que existe. Dicho lo cual, empecemos por la *conquista* por los trabajadores del *Estado Social y democrático de Derecho.*

Los que hemos conocido la dictadura franquista, y luchado contra ella con mayor o menor fortuna, sabemos y valoramos la importancia de las *libertades* democráticas, por muy *formales* que sean. Por eso, ante la falta de libertad, la primera obligación de los trabajadores es conquistarla para poder desarrollar plena y eficazmente su lucha por mejores condiciones de vida; no digamos por un mundo más justo e igualitario. Aquí, cuanto *peor, mucho peor.* De hecho, la historia de la democracia es una historia de *lucha,* no un estado *natural,* acorde con la *naturaleza humana.*[108]

Lo que caracteriza a la democracia, y explica su dimensión *combativa* permanente, pese a los periodos de cierta *estabilidad,* es que parte de la consideración del *individuo* como un ser dotado de derechos más allá de su *cuna y fortuna.* Es decir, que su condición humana lleva aparejada la *igualdad* de principio en el ejercicio de la *libertad,* y no un *status social,* se determine éste como sea. Para los pensadores de la Ilustración y los revolucionarios del siglo XVIII, el derecho del *individuo,* como miembro del *género humano,* es un derecho universal del *hombre,* frente a la concepción religiosa de un *orden justo* de origen divino. Es importante retener esto, porque en una sorprendente *vuelta de tuerca,* para los pensadores burgueses el actual *orden* democrático *liberal* es el orden *natural,* igualmente inamovible que el religioso, aunque sea bajo la coartada de *ser el menos malo de todos los sistemas posibles.* De ahí que el concepto de *ciudadanía* que caracteriza la democracia moderna se despoje de toda *diferencia* real: económica, cultural, de raza, de sexo, etc. Tiene que hacer *abstracción* de las condiciones de existencia *concretas* de los *individuos* para afirmar la *igualdad* de principio, originaria.[109] Sin duda, un supuesto necesario para sostener el principio de que todos los hombres nacen *libres e iguales,* como reza la Constitución norteamericana, la primera plenamente democrática de la era moderna. Pese a lo cual sostenía, toleraba y defendía la esclavitud, como ocurría en su *inspiradora,* la *polis* ateniense de Pericles.[110]

Pero ningún *principio,* por elevado que sea, está por encima del *sistema social.* La *libertad, igualdad y fraternidad,* consagrada por la Revolución Francesa, no impedía, sino todo lo contrario, que ser *propietario* representara un *status social privilegiado* frente a los que no lo eran. La democracia *liberal* no niega las *diferencias* sociales, sino que las *protege* jurídicamente. Lo que hace es *emancipar políticamente* a los ciudadanos del dominio feudal y absolutista imperante, condición necesaria para desarrollar el incipiente capitalismo (aquí vemos como actúa la *contradicción fundamental* entre *fuerzas productivas* y *relaciones de producción*) E instaura el principio de *soberanía popular* como única fuente de poder y legitimidad. El pueblo *soberano* (del latín *superanus,* estar sobre todo) ejerce su *soberanía* mediante el *sufragio,* que tuvo inicialmente muy poco de *universal,* al reflejar en la práctica esas diferencias sociales. Pero ese *principio* teórico se ve, desde sus primeras manifestaciones prácticas, como un riesgo. De ahí que John Stuart Mill mostrara serias reticencias a la plena implantación de la democracia. Él abogaba por la introducción del *voto plural* para los empresarios, comerciantes y banqueros, así como para sus capataces, lugartenientes y parásitos profesionales, para evitar así la *legislación de clase* del proletariado.[111]

Así, el ejercicio del voto en la democracia *liberal* estuvo restringido inicialmente a los propietarios con cierto nivel de riqueza, al establecer una *cuota* de impuesto para ser elector (democracia *censitaria*), tener suficiente nivel cultural, al tiempo que excluía *radicalmente* cierta *categoría* de seres humanos como los esclavos negros. Solo a partir de la revolución de 1848 se instauró el sufragio *universal*, del que, sin embargo, no podían ejercer las mujeres. Así, aunque la *emancipación política* de la democracia *liberal* ha supuesto un impresionante avance histórico, su desarrollo y ampliación nunca ha dejado de ser producto de la *lucha de clases*. Primero para vencer la resistencia aristocrática al *nuevo orden* político, luego para *ampliar* su contenido y ejercicio a toda la sociedad. O, dicho de otra forma, la democracia no deja de ser una forma de *relación social*, construida a través de las *luchas,* e institucionalizada en el Estado.

Las *disfuncionalidades* del sistema democrático son, por tanto, fruto de las *contradicciones* del sistema: los ciudadanos son *iguales* políticamente pero *desiguales* socialmente. Por eso, la *legislación* de los propietarios trata de *acotar* en la práctica la *libertad* política de los *sin nada*. La *lucha política* toma la forma de una ampliación del ejercicio de las libertades *abstractas* reguladas legislativamente por la burguesía, que necesita trabajadores *libres* pero no *iguales*, para interactuar con ellos en el *mercado* de trabajo, y crear la ficción de un contrato libre entre iguales. La explotación desaparece del ámbito *político* y pasa a ser una cuestión económica a negociar libremente entre empresarios y obreros. De ahí que las primeras legislaciones laborales, conseguidas gracias a las luchas obreras, estén enfocadas a *limitar* el derecho de sindicación y huelga y a *blindar* los derechos de los empresarios. Así ha sido y así es. Las *reformas* -en realidad *contrarreformas*- laborales de Zapatero y Rajoy son una clara y reciente manifestación de este *inacabable* combate por ampliar los márgenes de la democracia hasta el *sacrosanto* recinto de la *propiedad* de los medios de producción, financiación y cambio.

Así pues, el avance histórico que ha supuesto la *emancipación política* de la democracia *liberal* ha significado también la instauración definitiva de la burguesía como *clase dominante,* así como el libre despliegue y consolidación de las *relaciones de producción* capitalistas. La crítica de Marx a la democracia burguesa no pone en cuestión la conquista histórica de la *emancipación política*, sino que señala sus *límites* y *limitaciones*.

Antes de acabar este apartado, me gustaría señalar uno de los errores *doctrinarios* más habituales entre los marxistas *dogmáticos*, que ven el proceso histórico de los sistemas sociales como un camino ascendente, recto, y de una sola dirección. Pese a que cualquier historiador medianamente formado sabe que en Europa existieron diferentes formas y caminos para la *transformación* socioeconómica del sistema feudal al capitalismo (aunque prácticamente todas trufadas de episodios *violentos* más o menos graves)[112] todavía sigue imperando en Europa la tradición *romántica* de la *insurrección* como el camino para la transformación del sistema productivo que arranca con la Revolución Francesa, continúa con la Comuna de París (para Marx era, como ya he dicho, *la forma política al fin descu-*

bierta para llevar a cabo dentro de ella la emancipación económica del trabajo de la forma de dominio encontrada por el proletariado)[113] y se consolida definitivamente con la *Revolución de Octubre* en Rusia. Sin embargo, las revoluciones *socialistas* hasta ahora realizadas han supuesto, en lo esencial, y con distinto nivel de *violencia revolucionaria,* una forma *acelerada* y de *transición* al capitalismo. Por eso, tras el vertiginoso crecimiento e industrialización, bastó con eliminar el dominio del partido comunista para que el *capitalismo de Estado* se convirtiera en capitalismo a secas. La otra forma de *transición* que combina dominio político con mercado capitalista es la que se está desarrollando actualmente en China y Vietnam, un fenómeno *bendecido* por el capitalismo global, digno de un estudio marxista en profundidad.[114] Queda la Cuba *socialista,* cuyo peculiar origen *guerrillero,* y el apoyo a la *revolución* de una parte importante de la población, así como los logros en educación y sanidad principalmente, le permiten afrontar con cierta *esperanza* la encrucijada histórica en la que se haya: encontrar el camino para *sortear* el regreso del capitalismo, manteniendo el *espíritu emancipador* y las *conquistas sociales* (santo y seña de la revolución castrista) Porque, antes o después, tendrá que elegir entre un proceso que puede llevarles a una forma *cubana* del socialismo a la *china;* o realizar de verdad la *transformación* socialista del sistema socioeconómico apoyándose en la *autogestión* de las empresas *públicas,* la *informatización* de la economía, y la *Democracia Ampliada* de acuerdo a las circunstancias históricas concretas en las que está inmersa la isla caribeña. Lo que presupondría una verdadera *revolución interna,* político-institucional, y una *reconsideración* teórica de los presupuestos sobre los que se ha basado hasta ahora la política cubana. Ideas procedentes de la versión *escolástica* soviética del *marxismo-leninismo,* que el propio Fidel ha terminado por reconocer que han sido causa de graves errores.[115] La ciencia no avanza si tiene miedo a *cuestionar* algunos de sus postulados cuando lo exigen los hechos. ¡Cuántas derrotas, a corto o largo plazo, tendremos todavía que sufrir para comprender que la *transformación* socialista no se puede realizar partiendo de *cero*!.

Defender la libertad, ampliar la democracia

Las primeras luchas *políticas* de la clase obrera, cuyos mejores elementos se agrupaban entorno a la *socialdemocracia* encuadrada en las Primera y Segunda Internacional, estaban dirigidas a conquistar el derecho al voto y el reconocimiento legal de sus organizaciones de *clase.* Su lucha *democrática* estaba orientada a conquistar la posibilidad de defender sus *intereses de clase* mediante sus *representantes* en los distintos parlamentos europeos y americanos. Marx nunca subestimó esta *conquista.* Al contrario, concibió la lucha por los derechos políticos democráticos -electorales y parlamentarios- desde el punto de vista de su visión *estratégica*: el poder revolucionario del proletariado. Si bien, tampoco se hizo muchas *ilusiones* tras la represión trágica de la Comuna de Paris en 1871. Marx, como ya he señalado, había calificado la Comuna como *un gobierno de la clase obrera, la forma política hallada al fin, bajo la cual era posible realizar la emancipación del trabajo.*[116] Es decir, Marx entendía que la clase obrera debía *desbordar* los *límites* y *anular las limitaciones* de la democracia parlamentaria *liberal* para ejercer su papel *emancipador global.* Porque el contenido de *clase* del Estado *democrático* no implica fatalmente su *inutilidad* para la *transformación* de la sociedad capitalista, sino tan solo sus *límites* y *limitaciones*. Así entiendo yo que deben interpretarse las palabras de Marx en el Manifiesto Inaugural de la Asociación Internacional de los Trabajadores: (...) *la conquista del poder político ha venido a ser el gran deber de la clase obrera.*

La conquista y ampliación de los derechos democráticos por el *movimiento obrero*, supuso la *consagración* del *parlamentarismo* como la vía *civilizada,* no *insurreccional,* de llegar al *socialismo.* Desde entonces, para la socialdemocracia se trataba de ir *ampliando* su campo de acción *político* mediante la obtención de una mayoría parlamentaria suficiente para legislar en favor del socialismo. La idea, muy poco marxista por cierto, era clara: al *socialismo* mediante la *legislación* sin tocar las instituciones. El resultado: el dominio *reformado* y *actualizado* del capitalismo. Consecuencia lógica fue el paulatino abandono por los socialdemócratas del *incómodo* marxismo, definitivamente rechazado en 1959, durante el congreso de Bad Godesberg. ¿No resulta sorprendente que, más de medio siglo después, algunos dirigentes de *Podemos* hayan redescubierto las bondades de la socialdemocracia,... a la *sueca*? Bueno, no tan sorprendente si tenemos en cuenta que sus dirigentes también han abandonado el marxismo, sustituido por el *populismo* teorizado por Ernesto Laclau.[117] Olvidan algo elemental, implícito y explícito en las demandas y consignas del 15M, del que pretenden nutrirse: si permanecen intactas las desigualdades económicas, los grupos de poder, la concentración de medios informativos, y mantenemos las *instituciones* tal como están configuradas, reduciendo la *democracia* a depositar el voto cada cuatro años para un partido político, esta vez el suyo (con *mareas* y *confluencias*), entonces la democracia se *comprime* hasta negarse a sí misma la capacidad de servir para la *transformación* de la sociedad. A este respecto, creo que viene a cuento una frase de Rousseau que condensa lo dicho hasta ahora de manera tan clarividente como instructiva. Refiriéndose a la democracia *directa* señala que el pueblo soberano debía *limitar, modificar y retirar el poder que había depositado en el gobierno, siempre que quisiera.*[118]

Hoy es un lugar común, avalado por la experiencia, que la *calidad* de nuestra democracia es *inversamente* proporcional a la falta de *control popular* de los representantes políticos, que la *libertad* de éstos está *condicionada* por la *burocracia* del partido, y que la *autonomía* de los partidos está *restringida* por los *grupos de presió*n económicos y mediáticos. No nos engañemos, al tener que dar cuenta *solamente* tras cada legislatura, la irresistible *tentación* de abusar del poder, que los representantes políticos ostentan *temporalmente,* será mayor cuantos menores sean las posibilidades reales de *control* que tengan los ciudadanos, y su derecho a ejercerlas. A esto se une un nuevo fenómeno, directamente ligado a la *complejidad* de muchos asuntos a los que se enfrenta tanto el gobierno como el legislativo: la *expertocracia,* fácilmente *corrompible*, muchas veces *corrupta*, que instaura una especie de *despotismo* poco *ilustrado*. En España tenemos ejemplos en todos los ámbitos del Estado.

La lucha por la *ampliación* de la democracia consiste, básicamente, en *romper* o *invertir* dicha situación, mediante el *derecho de revocación*, la *iniciativa y coparticipación legislativa*, la *prohibición* de la financiación *externa* de los partidos que no sea *pública*, las *listas abiertas y reconfigurables* por los votantes, la *iniciativa* legislativa popular, etc. Es decir, avanzar hacia una *Democracia Am-*

pliada, que es más que la democracia *tridimensio-nal* (representativa, directa y participativa) pro-puesta por algunos, ya que incluye *formas externas estatales* surgidas al calor de la lucha *reivindicativa* cuando ésta se *politiza*. Si no se consigue, y en la medida en que no se consiga, el sistema democrá-tico, y por ende el resto de los poderes estatales, se convierte *de facto* en una *dictadura temporal* al servicio de la minoría oligárquica, *justificada* por las instancias *ideológicas* más conservadoras y re-trogradas, como ocurre con los evangelistas y el *Tea Party* en EE.UU, o el Partido Popular y la iglesia ca-tólica en España. Por no hablar de Irlanda, Italia, Polonia o Hungría.

Todo lo dicho es de sobra conocido y no creo necesario insistir en ello, particularmente existien-do una amplia bibliografía.[119] Sin embargo, al calor de la lucha *ideológica* contra el *reformismo* (nuevo y viejo) se han *tergiversado, olvidado, o negado*, algunos aspectos de la concepción marxista del Es-tado que convendría aclarar antes de hablar del *Es-tado Social y democrático de Derecho* (en realidad, *Estado de Derecho + Estado del Bienestar*) y su papel en la *transformación socialista* en las condi-ciones de la IV Revolución Industrial o *Industria 4.0*[120], la *sociedad de la información*, la *globaliza-ción* comercial y financiera, la economía en *red* y *colaborativa*, las *redes sociales*, la sociedad de *con-sumo*, y la irrupción de los nuevos *movimientos so-ciales*. La transformación del *sistema productivo* capitalista está siendo tan vertiginosa y profunda, alumbrando insospechadas *mutaciones* que pugnan por establecer nuevas *relaciones de producción*, que resulta peregrino tratar de afrontar la tarea po-lítico-práctica de la *transformación* socialista con los esquemas y conceptos de hace más de un siglo.

La cuestión del Estado y el estado de la cuestión

Si en la cuestión de la *democracia*, sus claras limitaciones y evidentes deficiencias, las cosas suelen ser bastante evidentes para quienes no les ciega el *fanatismo* neoliberal, aunque se deduzcan distintas conclusiones según los objetivos estratégicos de *reformistas* o *trasformadores*, no ocurre lo mismo a la hora de hablar de ese monstruoso *leviatán* llamado Estado. Una simplista y *dogmática* compresión marxista de su naturaleza ha sido causa de agrias discusiones en el seno de la izquierda, que, en algunos casos, ha llegado a equiparar sin más el Estado *democrático* con el Estado *dictatorial* dado que en ambos *domina* la burguesía. ¿Hace falta hablar de la *nefasta* equiparación de socialistas y fascistas por los comunistas en los años 30 de la anterior centuria, que la invasión de Hitler a la URSS cortó radicalmente?. Hoy en día, una equiparación así es sencillamente impensable, lo que no significa que las cosas estén más claras ahora que entonces. La *dictadura del proletariado,* una *abstracción* conceptual en el *corpus* teórico de Marx, adquirió al ser puesta en práctica por los revolucionarios rusos una dimensión *trágica*, incompatible con la teoría marxista, que ha sido una de las causas principales del fracaso del *campo socialista.*[121] No es de extrañar que el debate entre los marxistas *occidentales* (escandalizados ante la *realidad* de la URSS), tal como hemos visto, y los marxistas *dogmáticos* (defensores de una situación cada vez más insostenible), haya supuesto finalmente un *fiasco político*, aunque con notables aportaciones intelectuales por los primeros, de los que siempre es posible extraer algo *provechoso*. Pero una cosa es tirar el *agua sucia* de la teoría marxista *dogmática* y otra echar por el desagüe también al *bebé*. Así que, conviene dejar claros algunos fundamentos *científicos,* avalados por la experiencia histórica, de la -*inacabada,* por otra parte, como es lógica- teoría marxista del Estado.

En primer lugar, a la hora de analizar el Estado conviene no perder nunca de vista que su constitución histórica, así como las formas que adopta, desde la Ciudad-Estado, hasta el Estado moderno, pasando por el Estado absolutista, expresado gráficamente por la exclamación atribuida a Luis XIV: *¡L'État c'est moi!,* es la consecuencia *inevitable* del carácter *irreconciliable* de las *contradicciones* internas de todo sistema socioeconómico dividido en *clases sociales.* Es la forma *institucional* (jurídico-represiva) *necesaria* para que dichas *contradicciones* no *colapsen* su *funcionamiento* socioeconómico (y, a ser posible, facilitarlo) a la vez que garantiza el *orden social* dentro del sistema. Esa es su *historicidad.* Por tanto, el Estado no es un *espacio o instancia* de *reconciliación,* imposible por otra parte (las contradicciones no se reconcilian, se *superan*), sino de lucha *política* para resolver las *contradicciones* de *clase* en uno u otro sentido. El Estado necesita expresar, y en el capitalismo desarrollado además es *parte,* la *realidad* socioeconómica. De ahí que sea un disparate considerar el Estado, salvo en los regímenes dictatoriales, y ni siquiera entonces en términos absolutos, como una institución o bloque *monolítico.* Desde su formación inicial ha incluido distintas *fracciones* de las *clases dominantes* para *atenuar* al menos, y *conciliar* en lo posible, los intereses diversos con el interés general de *supervivencia* del sistema. La dinámica de la *luchas de clases* y sus conquistas democráticas exige también la *inclusión,* aunque con carácter *subalterno,* de los trabajadores, tanto por su participación en las instituciones estatales, como por formar parte, cada vez en mayor medida, de los componentes *laborales* del Estado gracias a la extensión del *Estado del Bienestar*. Pero eso lo veremos más adelante.

La concepción *monolítica* del Estado como *dictadura* de la burguesía, a parte de nada *dialéctica,* ha terminado por alumbrar un curioso *revolucionarismo voluntarista* que, paradójicamente, suele terminar fortaleciendo el Estado que combate. Otra cosa son los casos de dictaduras corrompidas y neocoloniales, donde el Estado se reduce casi exclusivamente a un organismo *represor*, en cuyo caso la lucha *insurreccional* está plenamente justificada, aunque siempre unida a la lucha de masas. El ataque guerrillero *castrista* en la Cuba de Batista de 1950, es un buen ejemplo de ello. Pero su *voluntarista* extensión a otras partes del Tercer Mundo, fracasada pese al empeño heroico del Che, demuestra que es peligroso tomar la *excepción* por la *regla*. Las negociaciones de paz en Colombia, y el desarme, desmovilización, y transformación de la guerrilla FARC en una organización política civil, como antes ocurrió con el FLN en Salvador, es el colofón a una teoría *insurreccional* trágicamente *equivocada*. Porque si de lo que se trata es de *destruir* el Estado *burgués*, sea cual sea su carácter (dictadura o democracia), su configuración y las posiciones estratégicas conquistadas dentro de él, hay que situarse *fuera* (salvo que quieras *suicidarte*), lo que lleva al *antiparlamentarismo* inoperante, o al *voluntarismo* de lucha armada ante la pasividad de las masas. Más prudentes, algunos *originales* pensadores *anarco-marxistas* como John Holloway proponen simplemente *ignorarlo*, ya que sería contraproducente su *conquista*.[122]

Resumiendo, el Estado no es ajeno a la *evolución* de la sociedad, no está *fuera* ni se coloca por *encima* de ella. Al contrario, es la organización *político-institucional* común de la sociedad. Y, en cuanto tal, es una *realidad* superior a la suma de las partes, como todo *sistema complejo no lineal*. Es lo que le permite cumplir su función de *árbitro,* teóricamente *neutral* pero en la práctica bastante *parcial*, garantizando que se den las condiciones necesarias para la *libre competencia*, se mantenga el *orden social*, y el sistema socioeconómico pueda *sobrevivir* a sus *contradicciones* internas. En ese sentido, el Estado *democrático* representa la sociedad como un *todo* de ciudadanos *libres* e *iguales* ante la ley. Por lo que niega la existencia *jurídica* de las *clases sociales*, aunque sin ellas no tendría razón de ser. Todo lo demás son especulaciones filosóficas escolásticas, más o menos ingeniosas, con el recurso doctrinario a Marx si hace falta. Avanzando en el futuro, el Estado *socialista* deberá partir del reconocimiento de las *clases sociales* para *transformar* el sistema socioeconómico de forma que terminen desapareciendo, en un proceso *horizontal* de superación de la *desigualdad*. Será pasar del *gobierno* de los hombres a la *administración* de las cosas.[123] Al tiempo que la *soberanía* popular deja de *delegarse,* para ejercerse *permanentemente*, algo imposible sin la *Revolución Digital*. Por eso, mientras existan *clases*, el Estado ni se *crea* ni se *destruye*, se *transforma*. Para terminar *disolviéndose* con la *desaparición de las clase*s en un hermoso futuro cargado de *utopía*.

Hasta aquí la teoría; es decir, un conjunto orgánico de *abstracciones taquigráficas* dotadas de coherencia lógico-científica. Pero la realidad es una *abstracción* llena de *matices*, como el *árbol verde de la vida* del que hablaba Goethe.[124] En ese sentido, los matices *definen* la realidad y *dictan* la acción (que la teoría *guía*) Y los resultados la *validan* o *falsean*. Querer explicar cada uno de los actos gubernamentales y cada una de las leyes del parlamento como consecuencia *directa* del *interés* de la *clase domi-*

nante (y sus fracciones) es un sinsentido que puede llevar a la locura. Lo mismo que querer explicar la acción del *agente político* sin *relación* alguna con la *lucha de clases* es un error que le incapacita para cumplir su papel. Toda ley *significativa* del parlamento, y todo acto *destacado* de gobierno, esconde y expresa una determinada *correlación de fuerzas de clase,* y no el interés puro y simple de una de ella (la *dominante,* ¿cuál si no?) Lo que ocurre incluso en las *dictaduras,* algo particularmente claro en las de raíz *populista.*

Veamos ahora como se *materializa* todo lo dicho en el nuevo escenario político del *Estado Social y democrático de Derecho.*

La *conquista* del Estado Social y democrático de Derecho

Todo aquel que haya vivido bajo un Estado *dictatorial,* o incluso *autoritario,* sabe perfectamente la diferencia entre luchar por los derechos y reivindicaciones de los trabajadores bajo sus condiciones represivas *jurídico-policiales,* que hacerlo en condiciones de *libertad* formal y *democracia* representativa. No hace falta resaltarlo. Ahora bien, esas condiciones pueden ser más o menos limitadas, más o menos amplias, dependiendo de la *correlación de fuerzas* en la lucha por su conquista. La *Transición del 78* plasmó constitucionalmente dicha correlación (que podría haber sido otra si el PCE hubiera apostado por la *Unión Democrática de Izquierdas,* como proponía la OPI, no viene ahora a cuento)[125] Lo cierto es que la Constitución española consagró en su Artículo 1º el *Estado Social y democrático de Derecho,*[126] una concesión a los comunistas de Santiago Carrillo, excelentemente gestionada por Solé Turá, por su *inestimable* apoyo, pero que *inicialmente* tenía de *social* tan solo el nombre. Es tras la mayoría absoluta del PSOE bajo el liderazgo de Felipe González lograda en las elecciones de 1982, que los socialistas pusieron las bases del actual *Estado del Bienestar*. A lo largo de las siguientes legislaturas el país experimentó una evolución socioeconómica impresionante, consolidándose la democracia, impulsando la economía, ampliando los derechos sociales de los trabajadores, y poniendo fin a la *excepcionalidad* española con el ingreso en la Unión Europea, entonces Comunidad Económica Europea (CEE), en 1986. La llamada *clase media* experimentó un crecimiento notable, convirtiéndose en la base electoral de los socialistas. Luego vino la adopción del *euro* y las obligaciones derivadas del *pacto de estabilidad y de crecimiento,* que ha supuesto la *subordinación* de la política económica europea a los intereses de Alemania, la gran *prestamista* y aportadora de fondos comunitarios. Y en esas estábamos cuando llegó sorpresivamente la Gran Crisis y recesión del 2008. La debacle financiera, junto al brusco estallido de la *burbuja* inmobiliaria, supuso el incremento vertiginoso del paro y un grave deterioro de las condiciones de vida de los trabajadores, fundamentalmente los menos cualificados. No hace falta precisar más porque todavía seguimos experimentando sus efectos. Como consecuencia de ello, y de las movilizaciones ciudadanas, el edificio del Estado comenzó a agrietarse. ¿Había que *apuntalarlo, reformarlo* o *transformarlo?* La respuesta es la que define la verdadera naturaleza de las opciones políticas. Se inclinan por lo primero, con una extraña mezcla de *apuntalamiento y reforma,* el PP y Ciudadanos; por lo segundo los socialistas, aunque se llene la boca de *cambio,* mientras la *coalición* de izquierda *Unidos Podemos* se debate entre ser la *neo socialdemocracia* o la alternativa *trasformadora*. Pero ese es otro tema cuyo desenlace está por ver.

Pero volvamos al *Estado Social y democrático de Derecho*. Sin duda ha significado, en su desarrollo legislativo, la creación de una *urdimbre jurídica* que sanciona lo *esencial* (e incluso lo *accesorio*) del sistema socioeconómico capitalista *neoliberal*. Pero, a su vez, debe *proteger* las *conquistas sociales* de las *clases trabajadoras*. Y digo *debe proteger*, porque, al contrario de lo primero, solo está *formalmente* obligado a realizar aquello que las *posibilidades* económicas permitan. Lo que dependerá, lógicamente, de *quién* gobierna, *cuánto* y de *qué* forma recauda los recursos *públicos* necesarios, y *cómo* los asigna en los presupuestos y sus leyes de desarrollo. De ahí que la lucha *política* de los trabajadores deba fijarse como uno de sus objetivos principales consagrar de manera clara y precisa el carácter *irreversible* de los *avances* en el *bienestar social*, como en su día fue el *sufragio universal*. Porque lo mismo que nadie puede estar por *encima* de las leyes, nadie debe vivir por *debajo* de sus necesidades básicas.

Por eso, *quién* gobierna en el *Estado Social y democrático de Derecho* es de importancia capital. De que sean unos partidos u otros, unos representantes u otros, dependerá su *desarrollo*, o su paulatina *mengua* y *privatización*. Debemos defender el *Estado social y democrático de Derecho* como la mejor garantía de que se pude realizar una *lectura* diferente de su potencial *transformador*. Considerarlo simplemente como la *forma estatal de la dictadura de la burguesía,* es una aberración de supuestos *revolucionarios,* que permite a la derecha su utilización más restrictiva y reaccionaria.

Al final, el *izquierdismo* resulta ser una enfermedad *fatal* para la izquierda.

En el *Estado Social y democrático de Derecho* las posibilidades de *reacción antidemocrática* ante el avance *político* de las *clases trabajadoras* está *constreñido* jurídicamente -imperio de la ley- como nunca antes en la historia. Por supuesto, puede ocurrir, pero sería con un altísimo, y en mi opinión insoportable, coste nacional e internacional. Lo más seguro es que la oligarquía, y los sectores *ideológicos* más conservadores, traten de implementar una legislación de carácter *preventivo,* al estilo de la *ley mordaza,* las leyes electorales destinadas a dificultar el acceso al gobierno de la izquierda, etc. Pero, aún con dificultades, podría cambiarse con una nueva mayoría de izquierdas. Por todo ello, la *conquista* política del *Estado social y democrático de Derecho*, un logro impensable sin la lucha de las clases trabajadoras y -todo hay que decirlo- la existencia *amenazante* de la URSS, representa un avance sin precedentes en el marco político-institucional de la *lucha de clases* en el capitalismo desarrollado. Esta nueva dimensión *política* del Estado expresa la *correlación de fuerzas* entre las opciones que, mas o menos explícitamente, con mayor o menor conciencia de ello, defienden los distintos intereses de *clase*.

En pocas palabras, la *lucha de clases* en el *Estado Social y democrático de Derecho* se desarrolla en condiciones *inéditas* hasta ahora, más *favorables* que nunca para alcanzar el objetivo de la *transformación* socialista del capitalismo. Representa un cambio *cuantitativo* de gran trascendencia *cualitativa*, una especie de *singularidad* no prevista por la teoría marxista clásica. Por primera vez es posible plantearse cambiar la *funcionalidad* del Estado (mediante un imprescindible *proceso consti-*

tuyente, por supuesto) y superar su *limitación* mediante una *línea de sucesos* que incluye el gobierno de la nación y las *formas estatales externas* creadas en la lucha de las *clases trabajadora*s por sus intereses *específicos.* Estas *formas estatales externas* originan una situación institucional de *equilibrio inestable,* por lo que solo pueden mantenerse en el tiempo a través del *poder político estatal,* con el que terminan configurando una realidad nueva, la *Democracia Ampliad*a.[127]

Este proceso incluye lo que Lenin llamó *demandas de transición,* tesis incorporada al programa de la Internacional Comunista en su IV Congreso. La estrategia de las *demandas transitorias* solo tiene sentido en la medida que configura *espacios* de *socialización* y *formas estatales externas* de poder. No se trata, como sostenían en la III Internacional, de conquistas *temporales* que desaparecerían cuando triunfase la revolución, concebida como un *punto y aparte* radical, un partir de *cero.* Representan un *cambio de fase,* el paso *político* de la *cantidad* a la *calidad,* como he dicho. Pero siempre y cuando se inscriben en una *estrategia* socialista. Lo que exige, como hemos visto, la acción del *agente político.* En cierto sentido, puede decirse que el *Estado Social y democrático de Derecho* es tanto una *conquista* de las clases trabajadoras como la forma *extrema* de *supervivencia* del sistema capitalista cuando la *subyugación ideológica* se convierte en el *principal* mecanismo de su *sistema inmunológico.*

El *Estado Social y democrático de Derecho* puede ser el *principio* del *fin* del sistema de *dominación* capitalista si las clases trabajadoras consiguen la *hegemonía* gracias a la acción del *agente político.* Pero a condición de no olvidarse de que se trata de una *conquista* y no de la evolución *natural* del Estado *liberal* burgués, cada vez más incómodo con la *criatura*. Por eso, siempre se encuentra en riesgo de *regresión,* particularmente cuando *arrecian* las luchas sociales como consecuencia de la crisis y sus demoledoras *salidas.*

Una concepción *mecanicista* y *determinista* del Estado impide comprender adecuadamente las *posibilidades* que encierra la *conquista* por los trabajadores del *Estado Social y democrático de Derecho.* Claro que esta nueva forma *blanda* y jurídicamente *limitada* de *dominación* ha generado sus *anticuerpos,* como no podía ser de otra manera. Los más poderosos, junto al resumido en la frase *no hay alternativa* brindado por el *colapso* del campo socialista, son los *medios de comunicación* y el *fetiche* del *consumo.* Por eso, el que existan *nuevas* posibilidades de avanzar hacia la *transformación* del sistema socioeconómico no quiere decir que sea más *fácil* que antes, aunque sí menos *doloroso.* Lo tiene claro George Soros cuando, parafraseando un viejo adagio de la política, en versión neoliberal, dice: *los estados reinan y los mercados gobiernan.* Y con buena dosis de cinismo añade: *a la larga, gobernarían los mercados, que son quienes votan todos los días.* Desde luego, ellos no han *cedido* su *soberanía,* como obliga la *democracia liberal* a los ciudadanos.

Ahora bien, por muy bienintencionada que sea, la ofuscación *reformista* (fundamentalmente, de la *nueva* socialdemocracia del actual *populismo*) de que el cambio de *funcionalidad* del Estado puede alcanzarse *exclusivamente* en el *interior* de las instituciones estatales, con una mayoría parlamentaria, olvida su *limitación* histórica. Aunque, efectivamente, el *Estado Social y democrático de Derecho* signifique un cambio *cualitativo* en la forma de *dominio* institucional, su *funcionalidad* sigue estando determinada por el sistema socioeconómico capitalista. Es un *espacio* político-jurídico-institucional de *integración, pacto* y *regulación,* no de *transformación* que exige un factor *externo.* Por eso, la estrategia *transformadora* no pude desarrollarse *únicamente* dentro del sistema estatal existente. Debe conjugar lo *viejo* con lo *nuevo,* la gobernación *dentro* del *Estado social y democrático de Derecho,* con el desarrollo de *nuevas formas estales externas* surgidas en la *lucha de clases,* sin las que dicha gobernación resulta ineficaz. En ese sentido, el *Estado Social y democrático de Derecho* se *amplia* al tiempo que se *transforma* el sistema socioeconómico. Hasta integrar las *formas estatales externas,* un poder *directo* de los *trabajadores/ciudadanos* para la gestión de aquellos aspectos que afectan a su vida cotidiana, y en relación *dialéctica* con el poder legislativo. Pero sin suplantarlo, ya que la *ciudadanía* es una conquista política *igualitaria* que se realiza plenamente en el futuro *Estado Socialista y democrático de Derecho.*

Democracia deliberativa, participativa y directa

Una de las formas de esa *ampliación transformadora* consiste en implementar formas de democracia *deliberativa, participativa* y *directa.* La idea no es precisamente nueva: en 1980, Bessete introduce el término *democracia deliberativa* en la discusión académica que genera un amplio debate, con aportaciones teóricas por parte de pensadores, filósofos y juristas de gran prestigio, como Manin (1987), Cohen (1989), Fishkin (1991), Fishkin (1995), Rawls (1996), Habermas (1994 y 1998), Benhabib (1996), Bohman (1996), Gutmann y Thompson (1996), Elster (1998), Macedo (1999), Dryzek (2000), Elster (2001) y un largo etc. Si bien Jürgen Habermas es la referencia ineludible.

El debate contempla no solo los aspectos normativos sino su *aplicabilidad* en la democracia *liberal*. No es este el sitio para extenderme en las cuestiones teórico-prácticas de la democracia *deliberativa, participativa* y *directa,* que, por otra parte, ya cuenta con una amplia literatura y aplicaciones sociales como los *consejos de barrios, talleres* de urbanismo, comisiones *extramunicipales*, consejos *consultivos,* o los ya famosos *presupuestos participativos,* encabezados por la exitosa experiencia de Porto Alegre (Brasil) inspirados en la Comuna de París de 1871.[128] A los que habría que añadir la propuesta fallida de los *jurados vecinales* de Manuela Carmena.

Resulta evidente que el *neoliberalismo* considera un peligro toda forma de democracia que no sea *delegada.* Por eso, la democracia *deliberativa, participativa* y *directa* solo será posible si existe una *ciudadanía* capaz de desarrollarla colectivamente, y consigue *institucionalizar* su ejercicio con las correspondientes leyes y procedimientos. Es decir, las formas *espontáneas* de asociación y comunicación política deben estar amparadas por los procedimientos jurídicamente *institucionalizados* de acción y deliberación ciudadana. Lo que, obviamente, exige la conquista de *parcelas* de poder político que apoyen su estabilidad y desarrollo, desde ayuntamientos y autonomías hasta el gobierno de la nación. Para decirlo con palabras de Habermas, *como resultado final, en comparación con el modelo liberal clásico, el modelo deliberativo aumenta la interconexión entre sociedad y poder institucionalizado, incentiva una comunicación no distorsionada en la esfera pública, incrementa el juicio político de la ciudadanía, refuerza el respeto mutuo y exige más racionalidad discursiva en la acción política. Frente al individuo que determina sus fines al margen del contacto con los demás y luego los agrega en forma de voto, la propuesta deliberativa concibe el proceso político como un ejercicio de formación de la voluntad colectiva a través de la comunicación pública orientada al entendimiento. Más que una simple coordinación de intereses predeterminados, la lógica del autogobierno es una lógica de cooperación social.*[129] Por cierto, algunos seguidores de *izquierdas* del filósofo y jurista alemán Carl Smitth, como Chantal Mouffe, anclados en la visión *agonista* de *amigo-enemigo* (sustitución *populista* de la *lucha de clases*) critican la *democracia deliberativa* por considerarla una *idílica* búsqueda de acuerdos más allá de la frontera *pueblo/élite*. Caricaturizan la *deliberación pública* como si se tratara de un inacabable diálogo *platónico-hermenéutico* sobre el concepto correcto y la idea verdadera.

Dejando aparte la sorprendente *pirueta* ideológica *populista* de los socialdemócratas de *nuevo cuño*, lo cierto es que estamos sufriendo una ofensiva que pretende la *retirada* hacia formas cada vez más *aristocráticas* de democracia, hacia su *jibarización,* so pretexto de que, como agudamente señala Josep M. Colomer, *no funciona en ámbitos más amplios en los que hay diferencias y conflictos de intereses y valores cuya resolución requiere competencia técnica, un cierto distanciamiento emotivo de los problemas, negociaciones, pactos y una apertura mental.*[130]

Sin duda el argumento tiene *peso*, pero se basa en una cuestión *práctica*, de espacio físico, y en una valoración bastante *negativa* de la capacidad humana para deliberar sobre cuestiones *complejas* técnicamente y desde *intereses* distintos. Suena a *déjà vu*, a los *filtros* culturales de las primeras democracias *liberales*; una vieja ensoñación que, paradójicamente, contrasta con el hecho de que habitualmente son las capas menos *cultas* de la población, donde el *dominio ideológico* es mas fuerte, las que más votan a los partidos conservadores. Olvidan estos detractores *exquisitos* que el rasgo característico del modelo *deliberativo* es precisamente la *centralidad* de la *razón* frente a la *emotividad* de la *sinrazón* populista y la *manipulación ideológica* del *neoliberalismo*. Mal que les pese a *neoliberales* y *populistas* de todo color, la democracia *deliberativa, participativa* y *directa* no es un *juguete* intelectual para animar los debates teóricos sobre la democracia, sus límites y degeneraciones, sino una experiencia *real* de la *ciudadanía* que afecta a su *vida* en el barrio, la escuela, la ciudad, el trabajo y el ocio. Y actúa en la práctica no solo como un *complemento* de los procedimientos tradicionales de la democracia *representativa*, donde el elegido se *representa* a si mismo y no a sus votantes, procede con independencia y bajo su responsabilidad, que ni siquiera la disciplina de partido puede impedir, lo que permite su *corrupción*, sino como una *alternativa ciudadana* de gestión de la cosa *pública* en los ámbitos de su interés *directo*. Se trata, por tanto, de *superar* el corsé de la democracia representativa *liberal*, una forma de gobierno compuesto por delegados plenipotenciarios, la *aristocracia política* que solo se somete *ritualmente* a la democracia electiva cada cuatro años. El platónico *gobierno de los mejores* -en realidad de los supuestamente más *expertos*- en el mejor de los casos. Algo que raramente ocurre, ya que la *oligarquía* del partido suele estar formada por los *mediocres*.

Lo más significativo, e importante *políticamente*, es que la democracia *deliberativa, participativa* y *directa* se puede y debe *inscribir* en el proceso de *transformación* del sistema capitalista mediante su paulatina *universalización*. Lo que ayer era una *utopía* circunscrita, en todo caso, a ámbitos reducidos y sectoriales, hoy comienza a ser una pujante *realidad* gracias al desarrollo de la *sociedad de la información* y sus *redes sociales*. La *utopía*, de la que hablaba Habermas, comienza a hacerse *real* al no ser necesario un *espacio* asambleario físico y un *momento* común para la *deliberación*. El *ágora* de nuestro tiempo es la *red*. Aunque para su correcto funcionamiento es necesario garantizar un nivel mínimo de *racionalidad comunicativa* frente al ruido y la *manipulación*, que, por otra parte, son consustanciales con el debate *público*, como demuestran las campañas *electorales*. Sin duda, el desarrollo y *universalización* de la democracia *deliberativa*, *participativa* y *directa* no será fácil, como no lo fue la democracia *representativa*. Lo importante es que ya es *técnicamente* factible y *culturalmente* realizable, lo que posibilitará en el futuro no muy lejano el ejercicio *permanente* de la *soberanía*, una de las características fundamentales de la *Democracia Ampliada*. Ir más allá de lo dicho excede el objetivo de este libro.

Estado del Bienestar y transformación socialista

No es casual que gran parte de las movilizaciones sociales, las famosas *mareas blanca* (sanidad), *verde* (educación), *naranja* (servicios sociales), *roja* (investigación) y *negra* (funcionarios), contra los efectos de la Gran Crisis y recesión del 2008, y las políticas de *austeridad* dictadas por la UE, tengan que ver con el *Estado del Bienestar*. Su lucha en defensa de los servicios públicos y universales, contra los recortes que tratan de disminuir su alcance, y contra su *privatización*, demuestra la percepción por la ciudadanía de su carácter de *derecho social irrenunciable*, que siempre habrá que defender frente al *rechazo natural* de un sistema socioeconómico basado en la obtención del beneficio privado, que siente lo *público* como un objeto extraño. Sin embargo, pese a esta evidencia empírica, no siempre se comprende bien su alcance *estratégico*.

El llamado *Estado del Bienestar*, o *Wohlfahrtsstaat*, no es la benéfica *consecuencia* del desarrollo capitalista (no existe en EE.UU, y otros países capitalistas, aunque tampoco en países *socialistas* como China), ni es una concesión *generosa* de las clases dominantes, promovida por dirigentes políticos de gran *sensibilidad* social. Es parte de la *reformulación* del Estado tras la II Guerra Mundial, el avance del llamado *campo socialista* y, sobre todo, de la *lucha* de las clases trabajadoras por transformar en *derecho público* lo que hasta entonces era *caridad asistencial*.

La implantación del *Estado del Bienestar* se hace económicamente posible por lo que el historiador británico Eric Hobsbawm llama *años dorados del capitalismo* en la Europa de la posguerra. Un periodo de fuerte crecimiento *keynesiano*, impulsado por el plan Marshall, que abarca aproximadamente de 1948 a 1973. Este vertiginoso desarrollo de la economía coincide con la existencia de fuertes partidos comunistas, particularmente en Italia y Francia, que habían luchado heroicamente contra el fascismo y poseían una fuerte capacidad de *atracción* electoral una vez convertidos en partidos de *masas*. A su vez, el movimiento obrero se encontraba encuadrado mayoritariamente en potentes sindicatos, con una larga historia de luchas reivindicativas a sus fuertes espaldas organizativas. Finalmente, la victoriosa URSS y las *democracias populares* que conformaban el llamado *campo so-cialista,* ejercían todavía un peligroso *efecto conta-gio.* Todo ello creó las condiciones perfectas para que la lucha política y reivindicativa de los trabaja-dores, encauzada electoralmente por la socialdemo-cracia, permitiera alcanzar el gran *Pacto Social* que se materializaría en el *Estado del Bienestar.*[131]

Se trata, por tanto, de una *conquista* de ca-rácter *reversible* que debemos convertir en *irrever-sible* mediante su *anclaje* constitucional. El capita-lismo desarrollado mantiene el *Estado del Bienestar* en cuanto que actúa como *justificación ideológica* del sistema, *atenúa* los efectos sociales negativos del mercado libre, y se comporta como una forma de *sa-lario social* (pagado por todos, vía impuestos) que *libera* al capital de algunos costes empresariales. Se trata de un *compromiso,* este sí *histórico,* entre *capi-tal y trabajo* garantizado por el Estado, que es el principal *regulador* de los *conflictos* de clase. Su im-plantación y desarrollo es una *conquista* para los trabajadores, sus principales beneficiarios (los ricos no lo necesitan, de ahí que les *incomode* pagarlo con *sus* impuestos),[132] y una *tregua* para el capitalismo, que pudo así incrementar su proceso de acumula-ción de riqueza y *financiarización* de la economía.

Ahora bien, superada la primera fase de im-plantación del *Estado del Bienestar,* desaparecido el poderoso factor geopolítico del *campo socialista,* y eliminado el peligro comunista *interior* mediante el *cordón sanitario* en la Europa occidental establecido por los partidos de derechas, particularmente la Democracia Cristiana, con la inestimable ayuda de la socialdemocracia, el *Estado del Bienestar* se ha con-vertido en una *rémora* para el *neoliberalismo,* y su ampliación un *peligro* para el sistema. Mientras, se hacía cada vez más patente su naturaleza de *espacio publico de socialización*. De ahí que, en cuanto *parcela* de *socialización* dentro del sistema socioeconómico capitalista, deba ser continuamente defendido ante el rechazo *natural* del sistema capitalista. La *dialéctica* que se genera con su establecimiento es la de *reducción* vs. *ampliación*, siempre latente, pero meridianamente clara en situaciones de crisis como la actual. Es importante tener en cuenta esta *dimensión de socialización* en el seno del capitalismo para entender su significado *estratégico*, que va más allá de su *defensa* cuando el capitalismo quiere salir de sus crisis *sistémicas* eliminando o reduciendo el *estorbo* del *Estado del Bienestar*. Las formas que adopta esta *dialéctica* son conocidas: *recortes* en áreas sensibles como sanidad, educación y dependencia, que buscan su *reducción*, compensada por las nuevas formas de *caridad* (comedores sociales, ONGs *paliativas,* etc.); *privatización y externalización* para convertirle en una suculenta fuente de beneficio empresarial; *reformas* con el argumento de la eficacia y el *ahorro* -lo que permitiría *bajar* impuestos, eficaz arma electoral que facilita todo lo anterior- etc. Todo lo cual desencadena una fuerte resistencia y movilización social, cuya manifestación más eficaz (y *vistosa*, todo hay que decirlo) son las mencionadas *mareas*.

El *fondo ideológico* de esta ofensiva *neoliberal* contra el *Estado del Bienestar*, que se hace patente con la crisis y sus *salidas*, es que no debe ser *competencia* del Estado garantizar el *bienestar* de los ciudadanos.[133] Al contrario, en una sociedad de *libre mercado* es responsabilidad ineludible de los propios individuos, de sus familias, y de los grupos *privados* a los que pertenecen. En la *ideología neoliberal* subyace el rechazo al papel *social* del Estado, que debe circunscribirse a *paliar* los defectos consustanciales del mercado libre, y *garantizar* el

131

buen funcionamiento de las grandes empresas financieras en épocas de crisis. De ahí que nunca estará *asegurado* el *Estado del Bienestar* bajo el capitalismo. O, si se quiere, solo en el *socialismo* el *Estado del Bienestar* encuentra su *ecosistema natural* donde desarrollarse. Por eso, la ridícula teoría del *derrame* (trickle-down theory, en inglés) proclamada por algunos teóricos del *neoliberalismo*, ha demostrado ser una *superstición* destinada a engañar a ingenuos y tranquilizar las buenas *conciencias*. El papa Francisco, nada sospechoso de marxista, lo tiene claro: *Algunos todavía defienden las teorías del "derrame", que supone que todo crecimiento económico, favorecido por la libertad de mercado, logra provocar por sí mismo mayor equidad e inclusión social en el mundo. Esta opinión, que jamás ha sido confirmada por los hechos, expresa una confianza burda e ingenua en la bondad de quienes detentan el poder económico y en los mecanismos sacralizados del sistema económico imperante.*[134]

Menos comprensible es que ciertas personalidades de izquierdas apoyen una propuesta que, disfrazada de *progresista*, puede encubrir una forma sutil de ataque al *Estado del Bienestar*. Me refiero *Renta Básica Universal* (RBU),[135] defendida con el ardor y desparpajo verbal que le caracteriza por Varoufakis, como sustitución de un, al parecer, insostenible *Estado del Bienestar*. Varoufakis parece desconocer que existen varios tipos y niveles de *Estados del Bienestar*. Y el que describe se parece más al creado por Bismark, cuya financiación corre a cargo de las cotizaciones sociales basadas en el mercado del trabajo, que al enraizado en la tradición socialdemócrata, fundamentalmente la escandinava, donde la financiación de la mayoría de transferencias y servicios, no viene de las cotizaciones sociales basadas en el mercado de trabajo, sino de los fondos generales del Estado, y por lo tanto de la voluntad popular. Me remito a lo dicho por Vicenç Navarro: *Dependiendo del grado de influencia que los distintos actores de la sociedad (entre los cuales los más determinantes son el mundo del capital y el mundo del trabajo) tienen sobre el Estado, encontramos Estados del Bienestar bien desarrollados, y otros poco financiados. En general, a mayor influencia del mundo del capital, menores son los ingresos al Estado, y, como consecuencia, el Estado del Bienestar está menos desarrollado, tal como ocurre en el sur de Europa. Es fácil de entender que el nivel de gravamen de las rentas del capital es una variable política, es decir, que depende de las relaciones de poder en cada país. En todos los países del sur de Europa, sus Estados del Bienestar están subfinanciados, asignando el Estado a los temas sociales muchos menos recursos públicos de los que debería y podría gastar. En realidad, todos ellos tienen los recursos para financiar mejor sus Estados del Bienestar. Tienen el dinero, pero el Estado no tiene la voluntad de recogerlo. Y ahí está uno de los desacuerdos entre Varoufakis y yo. Varoufakis asume que los Estados-nación no tienen alternativas a las políticas neoliberales que se les imponen, y yo creo que sí que las tienen. Que graven más o menos depende de las relaciones de poder de cada país.*[136]

En parecido error (o tal vez *ingenuidad*) cae Erik Olin Wright. En su, por otra parte muy recomendable libro *Construyendo utopías reales,* dedica un apartado a la *renta básica universal* (RBU). El primer error en el que se suele caer es considerarla desde el punto de vista *igualitario,* ya que su *universalidad* mantiene, incluso puede reforzar, la *desigualdad*: ricos y pobres reciben la misma cantidad. Todos los argumentos *igualitaristas* son meras especulaciones, sin soporte empírico, ya que dicha renta no se ha implementado todavía en ningún Estado.[137] Se suele argumentar que la imposición fiscal progresiva podría cumplir ese papel *igualador*, lo que dada la *realidad* de los gravámenes fiscales, y la capacidad *evasiva* de las rentas altas (ingeniería financiera, desgravaciones, o directamente *paraísos fiscales)* resulta cuanto menos, cuestionable. Se podría implementar un fuerte gravamen *solidario* a las rentas altas, lo que no resulta tan sencillo de llevar a la práctica, entre otras cosas porque suele *espantar* a las grandes fortunas. En cualquier caso, resulta un sinsentido ya que el enorme coste económico de la RBU se tiene que sufragar con un incremento de los impuestos (directos e indirectos, o especiales)[138] que, como se sabe, los pagan y afectan fundamentalmente las rentas del trabajo y los autónomos. En una palabra, si de lo que se trata es de recaudar más para poder desarrollar políticas sociales, lo esencial es dirigirlas hacia paliar la desigualdad, concentrando los recursos en los que menos tienen, y no *universalizando* la prestación económica. Lo curioso de todo esto, es que la idea haya sido vista con simpatía, cuando no apoyada, por la derecha *social*, como ocurre en Holanda.[139] Tiene su lógica (*perversa*) ya que la RBU pueda actuar no solo, ni principalmente, como un *paliativo* de la pobreza, que genera mucho *gasto social* (los menos favorecidos económicamente son los que más utilizan la sanidad pública y los que padecen un mayor número de enfermedades) sino como una inesperada vía para *eliminar* o *reducir* las prestaciones *universales* del *Estado de Bienestar*. Un ejemplo es proyecto de *renta básica universal* del Instituto de la Seguridad Social de Finlandia (KELA), impulsado por el gobierno y particularmente por el primer ministro conservador Juha Sipilä. Se trata de iniciar, en 2017, un ensayo con un grupo ciudadanos elegidos por sorteo que percibirán 800 euros al mes, pero que reemplazaría a las demás ayudas sociales, incluyendo las prestaciones por desempleo. Es bastante probable que la *letra pequeña* (reducción o eliminación, como contrapartida, de prestaciones sociales) que suele acompañar a las propuestas de *Renta Básica Universal*, sea la que ha llevado a los suizos a rechazar en el último referéndum, con el 77 % de los votos, los 2.260 €. Es evidente que, desde el punto de vista del previsible impacto laboral en los países más avanzados tecnológicamente, la RBU, y otras formas de *ingresos básicos,* se le contempla como un mecanismo adecuado para *amortiguar* los efectos socioeconómicos del desempleo provocado por la revolución científico-técnica, y facilitar la *automatización* del sistema productivo.[140] Pero en una sociedad con grandes desigualdades de rentas y riqueza, dar a todos los ciudadanos una misma renta carece de sentido, a parte de tener un coste económico excesivo e innecesario, por no hablar de los posibles efectos *inflacionistas* (que afectan más a los que menos ganan) que convertiría en *humo* lo recibido.

No nos engañemos, la *renta básica universal* se ajusta como un guante a la filosofía *liberal,* enemiga de los impuestos, que prefiere el dinero en el bolsillo de las personas a que lo tenga el Estado. Sostienen que eso incrementa la *libertad* de las personas. Una falacia que esconde la raíz *egoísta* del sistema capitalista. En el caso que nos ocupa, viene a decir: toma el dinero de la RBU y págate tú la sanidad, la educación, etc. así no *engordamos* el Estado. Puro *anarquismo capitalista,* cuya máxima expresión es el ultraderechista *Tea Party* norteamericano. Por desgracia, la izquierda confunde la *universalidad* del *Estado de Bienestar*, que garantiza una prestación social a todos, pero que en la práctica beneficia fundamentalmente a las rentas medias y bajas, las que no pueden pagarse una sanidad y educación privada elitista, con detraer los escasos recursos económicos del Estado para repartirlos como *renta* entre todos, lo que en realidad significa sufragar una *propina* a los ricos a base de reducir la renta a los que de verdad la necesitan. Una peligrosa trampa en la que caen fácilmente la *progresía* bien pensante, bajo el señuelo de la *universalidad*. Quizás en una futura sociedad *socialista*, por naturaleza *solidaria* e *igualitaria,* y altamente tecnificada, donde el *Estado de Bienestar* está plenamente desarrollado, la RBU tenga sentido. Mientras, hay que defender una fiscalidad *fuertemente progresiva* y la *renta básica* para los que no alcancen el salario mínimo. Una *Renta Básica* que debe ser un *derecho* y no una *ayuda asistencial* temporal, y que esté cuantificada de acuerdo a parámetros que favorezcan la *igualdad*. Ya existen ejemplos en nuestro país, como la *Renta de Garantía de Ingresos* (RGI) en Euskadi;[141] la propuesta de *iniciativa legislativa popular* presentada por los sindicatos CC.OO. y UGT en el las Cortes la pasada legislatura, con el objetivo de crear una *renta mínima* de 426 € mensuales para los hogares sin ingresos, o en riesgo de caer en la pobreza; o la *Renta Garantizada* (RGC) presentada hace dos años en el Parlament de Catalunya, que *Junts pel Sí* quiere desdoblar en dos: *Renta Mínima Garantizada,* y *Renta de Inserción*, que completaría la prestación hasta alcanzar la cantidad fijada en la RGC. La primera sería de 426,84 euros y la segunda añadiría 150 euros hasta alcanzar el total de 576,84 euros, mientras que la propuesta de la *Iniciativa Legislativa Popular*, avalada por 120.000 firmas, era 664 €.

En cualquier caso, este es un tema importante que merece mayor reflexión, un debate menos *ideologizado,* que se apoye en los datos empíricos y las experiencias sociales existentes.[142] En cualquier caso, no niego que la RBU tal vez tenga sentido (siempre que no suponga merma alguna de las prestaciones sociales ni debilitamiento del *Estado de Bienestar*) en un país de fuerte carga impositiva, en el que se pagan *religiosamente* (donde la sombra de Calvino es alargada) todos los impuestos, con una renta *per cápita* elevada y una economía saneada.[143] Pero en los demás puede se una peligrosa *entelequia.*

Resumiendo, la *conquista* por las clases trabajadoras del *Estado del Bienestar* ha creado una situación *inédita* en la historia del sistema capitalista, imposible sin cierto nivel de desarrollo económico que permita su financiación *publica,* junto a un *Estado Social y democrático de Derecho* que posibilite el desarrollo de todo el potencial *transformador* de la *lucha de clases.* Una *coyuntura* histórica imposible de prever por los revolucionarios *clásicos* y los marxistas *ortodoxos,* empezando, todo hay que decirlo, por los mismísimos Marx y Lenin. Sin embargo, hoy resulta indispensable tenerlo en cuenta en cualquier análisis de la realidad y en la formulación de propuestas *reales* de *transformación socialista* de la sociedad.

Puede decirse que con el pleno desarrollo del *Estado del Bienestar* en el socialismo se cumple antiguo principio de *salus publica prima lex esto.*[144]

De la *mutación* económica a la *transformación* social

Todo sistema productivo, en su desarrollo, genera nuevas formas de crear riqueza, y de medios para distribuirla, ambas impulsadas por los cambios tecnológicos. Así, el desarrollo de la producción artesanal generó rudimentarias formas industriales de producción, que el vapor primero y la electricidad después impulsaron hasta cambiar radicalmente todo el sistema socioeconómico hasta entonces conocido, si bien fue necesario eliminar las trabas sociales, jurídicas y políticas a su implantación. Lo mismo ocurre con el desarrollo del capitalismo financiero global y la aparición de nuevas tecnologías, en nuestro caso vinculadas a la *Revolución Digital*, la llamada *sociedad de la información*, que están configurando nuevas formas de producir y distribuir riqueza, todavía embrionarias: economía *colaborativa*, economía del *bien común* (los *commons* anglosajones), economía *solidaria* y entre *iguales*, banca democrática *alternativa*, internet *libre*, organizaciones *sin ánimo de lucro*, formas de *autoproducción* gracias las incipientes impresoras 3D, intercambios en *red*, y un largo etcétera, que no para de crecer en competencia con las formas tradicionales. Un vistazo a cómo era la sociedad europea, no digamos la española, en los años 60 del siglo pasado y la actual basta para darse cuenta del impresionante cambio socioeconómico que se está experimentando.

A partir de esta realidad objetiva hay quienes piensan que la *evolución* del capitalismo hacia una sociedad *postcapitalista* será fruto tanto de sus propias *mutaciones*, como del descenso inexorable de la *tasa de beneficios*, el *coste marginal cero*, la *automatización* de la producción industrial, la economía *en red* y el *internet de las cosas*, el aumento exponencial en el volumen de *información* disponible -los *Big Data*-, la *inteligencia artificial*, etc. De acuerdo al propio dinamismo creado por la competencia capitalista, y a medida que la tasa de ganancia se acerque a *cero*, el capitalismo se hará tan *inestable* como *insostenible*. Esta es la tesis que Paul Mason mantiene en *Postcapitalismo*. En su famoso ensayo, cargado de datos económicos, y con notable audacia intelectual, Mason se interroga sobre lo que pueden significar para el capitalismo éstas nuevas formas productivas nacidas en su seno. Constata, en mi opinión un tanto alegremente, la *discordancia* a largo plazo entre los sistemas de *mercado* y una economía basada en la *información*. Así, tras constar que (...) *podemos encontrar ya las formas básicas de una economía postcapitalista dentro del propio sistema actual...* anuncia la buena nueva de que (...) *se ha borrado la vieja vereda de antaño. Pero se ha abierto otra nueva senda. La producción colaborativa, en la que se usa la tecnología en red para generar bienes y servicios que funcionan solo si son gratuitos o compartidos, define la ruta que hay que seguir para salir del sistema de mercado. Necesitará del concurso del Estado para crear el marco de referencia, y durante décadas, el sistema postcapitalista podría coexistir con el de mercado. Pero el caso es que ya está sucediendo.*[145]

Nada nuevo bajo el sol, porque, como he dicho, todo sistema productivo conserva formas *vestigiales* de sistemas anteriores que cumplen todavía una función, aunque limitada, al tiempo que se crean formas *mutadas* que anuncian uno nuevo, y que la transformación socioeconómica permitirá desarrollarse plenamente hasta configurar una nueva *especie* de sistema productivo. No es este el sitio para polemizar con Mason, ni con otros pensadores que caminan en parecida dirección, como los mencionados Wright, Felber, incluso Rifkin,[146] y quedémonos con lo importante: la aparición de *mutaciones* en el seno del capitalismo y el impacto de *la sociedad de la información* en todo el sistema productivo capitalista, con los efectos socioeconómicos que están generando en la sociedades capitalistas avanzadas, pugnan por romper las *trabas* de las actuales *relaciones de producción*. Desde el punto de vista marxista, las luchas que tal cosa genera no son otra cosa sino la manifestación empírica de la *contradicción fundamental* entre las *fuerzas productivas* y las *relaciones de producción*. La cuestión, por tanto, no es el *por qué* surgen las contradicciones en el seno del capitalismo avanzado, sino el *cómo* y en *qué* dirección se resuelven. Al parecer nuestros pensadores *postcapitalistas* piensan que ocurrirá de manera *espontánea* -aunque con *ayudita* del Estado, naturalmente- y no como consecuencia del desenlace de la *lucha de clases,* término definitivamente arrumbado por ellos, más que nada por inservible. Es decir, lo consideran -¡como los *deterministas* económicos de antaño!- un proceso *natural, inexorable e ineludible,* que solo se puede tratar de *acelerar o retrasar.* Lamentablemente, no deja de ser un deseo piadoso. De nuevo el *fatalismo* económico llama, por segunda vez, a la puerta de la historia. Así, la teoría *catastrofista* y *voluntarista* de los viejos revolucionarios de finales del XIX y parte del siglo XX se reproduce hoy en el *optimismo evolucionista* de los admiradores *postmodernos* de la *mutación* del capitalismo. ¡Cuántos esfuerzos, luchas, pequeñas victorias y grandes fracasos nos habríamos evitado de entender que nada ocurre sin que hagamos que ocurra! Unos y otros olvidan, o menosprecian, la cuestión esencial: las formas y caminos del desenlace final de la *lucha de clases* generada por la *contradicción fundamental* entre las *fuerzas productivas* y las *relaciones de producción,* que son siempre una cuestión de *poder,* la expresión *política* de las luchas sociales en un sistema incapaz de satisfacerlas de forma completa y permanentemente, así como de aprovechar el enorme potencial de crear y distribuir riqueza. Una lucha que, desgraciadamente, no tiene asegurado un *final feliz*. Puede dar lugar tanto a procesos *involutivos* como procesos *transformadores*; o crearse una situación de *estancamiento* que se prolongue en el tiempo, al menos mientras la dialéctica lo *nuevo* vs. lo *viejo* no se resuelva.

Eso no quita para reconocer que tanto Mason como Wright y Felber aportan análisis valiosos, aunque solo sea por el saludable *antidogmatismo* del que parten. Cómo no estar de acuerdo con Erik Olin Wright cuando afirma: *Con el advenimiento de las nuevas tecnologías de la información (...) la producción de conocimiento e información alcanza la mayor eficiencia como actividad social colaborativa y cooperativa, por lo que la imposición de derechos capitalistas de propiedad en este proceso actúa cada vez más como un «obstáculo» a un mayor desarrollo de estas fuerzas productivas.* Lo que ya no es tan de recibo, es que sentencie que (...) *a largo plazo, el capitalismo será cada vez más vulnerable a los ataques de las formas no capitalistas de organizar la producción y distribución de la información y el conocimiento. Cualquiera de estos factores podría significar que la trayectoria del capitalismo a largo plazo culminará en su autodestrucción.* ¡De nuevo asoma la patita *catastrofista*!. Tal vez consciente de ello, el marxista que todavía le habita, puntualiza: *Los argumentos a favor de ello, sin embargo, siguen siendo especulativos y poco elaborados y, por el momento, no parece que haya razón alguna para creer que las contradicciones internas del capitalismo lo conviertan en una estructura económica insostenible a largo plazo. El capitalismo sigue siendo reproducible. Es preciso subrayar que esto no significa que el capi-*

talismo no sea transformable (subrayado mío). ¿Cómo? ¿Por qué? Sobre eso, que resulta en la practica política el *quid* de la cuestión, Wright prefiere callar.

Veamos ahora otros aspectos de nuestro sistema socioeconómico que inciden de manera *decisiva* en la *lucha de clases,* y condicionan el papel y la organización del *agente político* para la *transformación* socialista del capitalismo.

Medios de comunicación y dominación ideológica

Solo tienes que mencionar los *medios de comunicación* en una tertulia televisiva, como se aventuró a hacer Pablo Iglesias (se ha cuidado mucho de repetir la *audacia*) y verás como *saltan* escandalizados los defensores de la *libertad de expresión*, principalmente periodistas con cargos de dirección en los grandes periódicos nacionales. Tanta *sobreactuación* y airados *aspavientos* esconden la preocupación de que se pueda cuestionar el *privilegio de ejercicio* que ostentan los grandes grupos *mediáticos privados*, particularmente acusado en la principal fuente de información de la ciudadanía, la televisión.[147] No es de extrañar, ya que los *medios de comunicación* son un campo *estratégico* de la *lucha de clases* por la *hegemonía* y contra la *subyugación ideológica,* de importancia decisiva, dada su capacidad para crear *opinión pública*, y de *tergiversar* o *moldear* la información, que es el derecho *complementario* e *inseparable* de la *libertad de expresión*. Por eso, no se trata solo de un aspecto más de la lucha contra el *dominio* de las grandes corporaciones sobre una rama más de la actividad económica, cuya deteriorada *rentabilidad,* y las fuertes inversiones necesarias para su puesta en marcha y mantenimiento, solo compensan su alta *rentabilidad* político-ideológica. Se trata también de algo mucho más importante: impedir que la propiedad *concentrada* de los medios de comunicación en manos *privadas* pueda actuar impunemente como uno de los principales instrumentos de *control* de la opinión pública, vital en un Estado democrático. La contradicción entre *propiedad* e *información* expresa, en la llamada *sociedad de la información,* la lucha por el *derecho* al libre *acceso universal* a una información completa, veraz y contrastada. Lo que, en la práctica supone crear instrumentos de *control profesional* independiente para impedir abusos de poder, una legislación estricta para amparar los derechos del informado, y la creación de un potente *sector público autogestionado*, sin interferencias *políticas.*[148] La *información* es un derecho *privado* pero también un bien *público,* además de un valor económico de primera magnitud ya que interviene, cada vez de manera más efectiva, en las *decisiones* de consumo.

Naturalmente, un fenómeno de tal magnitud e impacto social no podía quedar libre de *manipulación* y *abuso,* tanto por los usuarios de las *redes sociales,* como por los grupos o empresas encargados de interactuar con ellas con fines comerciales o espurios. La *libertad* en Internet tiene un precio, y no solo monetario. Por eso, la defensa del efectivo *derecho a la información*, y el pleno ejercicio de la *libertad de expresión* en todos los ámbitos de la vida pública, es inherente de la lucha por la *transformación* de la sociedad. Todos los intentos, tímidos o timoratos, de *regular* su uso y abuso han tenido que enfrentarse con la feroz resistencia de las corporaciones propietarias de los medios de comunicación escritos, radiofónicos, televisivos o *digitales.*[149] Sin embargo, este privilegiado instrumento de *manipulación informativa* en manos privadas no es ni *om-*

nipresente ni único, gracias al desarrollo de la *comunicación en red* que posibilita la *sociedad de la información*. La distinción radical entre informador *profesional*, periodista, y el ciudadano *conectado*, se desvanece cuando un móvil puede convertirse en el emisor directo e inmediato de información en tiempo real, como hemos visto con el asesinato de Castile, un joven conductor afroamericano de Falcon Heights (Minnesota), por un policía blanco que lo había detenido porque su vehículo tenía un faro trasero roto. Su compañera trasmitió con su móvil, en directo y vía Facebook, la escena, vista por millones de personas en todo el mundo. El *silencio* informativo, la forma más eficaz de *manipulación,* puesto que no necesita *mentir* o *tergiversar,* es hoy cada vez más difícil, y terminará siendo imposible.

Las nuevas *tecnologías* de la información permiten *neutralizar,* de una manera cada vez mas eficaz, el predominio de los grandes medios de comunicación privados. Los jóvenes se informan *preferentemente* por *internet,* donde una web periodística es fácil y barata de implementar, sin más limitaciones que la capacidad profesional y la claridad de ideas, ya que los usuarios suelen ser los *proveedores,* incluso *gestores* de la información. De ahí la importancia de defender un Internet *libre, universal* y *gratuito.* Resulta significativo que existan (en un proceso vertiginoso de nacimiento y desaparición, todo hay que decirlo) más webs y plataformas *alternativas* de información y debate que las versiones tradicionales de los grandes medios de comunicación privados. Es más, la libertad y difusión de la información *instantánea* en *redes sociales* impide que los medios tradicionales privados *escondan* las noticias *incómodas* que antes habrían ocultado o manipulado impunemente. Claro que esto tiene también, como todo en la vida, su lado *oscuro:* se puede conseguir *desinformar* a base de *saturar* de información banal. Un interesado *ruido* mediático virtual que actúa como mecanismo *neutralizador* de sus inmensas posibilidades *liberalizadoras* de la sociedad en *red*. Pero ese desafío es hoy más fácil de combatir que antes, cuando una prensa de *izquierdas* era prácticamente inviable por la dependencia publicitaria (no se paga al enemigo) y los altos costes económicos y profesionales.

Por eso, la defensa de la *libertad de información* y su correlato, el *derecho a la información,* va mucho más allá del enunciado *liberal* que en la *práctica* los niega. Los grandes *imperios* informativos de magnates como Murdoch, Maxwell, Hersant, Berlusconi, etc. han sido posibles por la falta de leyes adecuadas contra la *concentración* oligárquica en los medios de comunicación. Ya existen en varios países europeos organismos de *autocontrol* bastante eficaces frente a los intentos de condicionar la información a los intereses económicos y políticos, que suelen ir de la mano. La BBC es, en este sentido, un modelo que todos admiran pero pocos imitan.[150] Pero en la mayoría de los casos, los organismos creados para defender el periodismo independiente se limitan a *proyectar* su autoridad *moral* sobre los medios, con no mucha efectividad, por cierto. Los principales y más serios *mass media* suelen contar, a su vez, con su propio *código ético,* generalmente bajo la forma de *Libro de estilo*, y con la figura del *defensor del lector,* muchas veces de dudosa *imparcialidad* al ser un periodista o intelectual asociado a la empresa.[151]

Para más *inri*, todos los medios de comunicación, en mayor o menor medida y de una u otra forma, consumen *recursos públicos*, amparados en el derecho *constitucional* a la *información*. Por tanto, se les debe exigir unos altos baremos de *diversidad* y *neutralidad informativa,* que desgraciadamente hoy son inexistentes o resultan ineficaces. Cierto, se cuenta con regulaciones *antimonopolio* en distintos países que impiden la propiedad de un determinado porcentaje de medios de comunicación en pocas manos privadas. [152] Es un avance, pero la forma mejor de neutralizar este *dominio* sobre la información y *formación* de opinión publica son los medios *públicos,* unido a facilitar la creación de *plataformas ciudadanas* de opinión, información y debate en la *red.* De lo contrario, la batalla *ideológica,* fundamental en una estrategia de *transformación* socialista, será muy difícil de ganar. Tanto más debido el tratamiento *espectacular* de la *política* por los medios audiovisuales de comunicación, una *distracción* del que sería casi cruel burlarse. Los políticos más *puestos* actúa para verse amplificados por los *mass media* y las *redes sociales*, fuera de los cuales no existes. La *representación* suplanta a lo *representado*, pierde su vinculación a la vida real. En el proceso electoral ya no solo se *delega* la soberanía en el representante electo, sino que se busca *descarnar* al voto de su capacidad para interpretarse e interpretar la realidad. Tras el espectáculo, apagadas las luces mediáticas, instaurada la *normalidad* parlamentaria, surge el desencanto y se expande la mentalidad apolítica. Hasta el próximo *circo* electoral.

Dicho todo cual, me gustaría añadir una *apostilla* de gran trascendencia política. Al calor de este debate, y utilizando la denuncia del dominio oligárquico sobre los *mass media*, hay quienes pretenden *controlar* desde el gobierno la *libertad de expresión,* que es uno de los derechos democráticos fundamentales. Planteamiento mucho más nocivo cuando se hace desde la *izquierda*. No se puede *transformar* la sociedad *restringiendo* y contro-

lando la *libertad de expresión* sino *ampliando* y *garantizando* su ejercicio a todas las clases y estamentos sociales. Vana tarea, por otra parte, porque hoy es imposible ponerle *puertas al campo* de la información. En las *sociedades en red,* que ya no es un *privilegio* de los países capitalistas desarrollado, la *información* comienza a estar siendo *autogestionada* por los ciudadanos; para *desesperación* de todos los gobiernos dictatoriales y autoritarios, a derecha e izquierda; y notable *incomodidad* de los democráticos.

Sociedad de consumo y percepción de clase

El consumo es una *exigencia* del sistema capitalista actual, lo mismo que la expansión *crediticia* para hacerlo posible, con la apropiación *indirecta* del salario por los bancos que ello comporta. Pero esa dimensión económica se ha convertido en una poderosa herramienta de *subyugación ideológica,* al incidir decisiva y novedosamente sobre la *percepción* de su realidad por una parte importante de los trabajadores, y *modular* sus aspiraciones sociales. Es la forma actual de *desclasamiento.* Por eso se ha convertido en uno de los mayores obstáculos para la intervención *política* de la izquierda *transformadora.* De ahí, el lógico y *primario* rechazo a la *sociedad de consumo,* tanto desde posturas éticas, como religiosas, ecológicas, o simplemente *humanistas.* Pero el *consumo* ha llegado para quedarse. Solo se puede *redimensionar culturalmente* cuando se libere de su *determinación* económica capitalista. Toda resistencia *idealista* está condenada al fracaso. Por lo tanto hay que ser plenamente conscientes de que no se podrá construir un nuevo sistema socioeconómico *contra* el *consumo.* Aquí no valen las posturas *moralistas*, ni las llamadas a combatir el *consumismo compulsivo* que necesita el capitalismo desarrollado, como si fuera posible volver a un idílico mundo de *austeridad* cristiana o de trasnochado *hippysmo*. Toda persona busca la *felicidad*, y la *ideología* capitalista nos hace creer que la felicidad se logra a través de la *posesión*, fundamentada en la *propiedad*. Su *señuelo* ideológico es *hazte rico y serás feliz*.[153] Pero lo que proclaman es imposible, salvo para unos pocos. Mientras, *consume y parecerás* rico.

No se trata de un fenómeno nuevo, sino la consecuencia lógica de una paulatina *metamorfosis* del sistema productivo en los países desarrollados. Comienza cuando las grandes corporaciones pasan de producir *cosas* a crear *marcas*. Algo inicialmente reservado a objetos de *culto* minoritarios, como los perfumes, pero que termina abarcando a la práctica totalidad de los objetos de consumo. Así, tras años de recesión, en los años 80 del siglo pasado comenzó a hacerse evidente para los economistas que los problemas de las grandes fábricas nacían de su excesivo *peso* (propiedades y empleados) y que el sistema *fordista* resultaba demasiado gravoso en las condiciones imperantes en los países desarrollados, con salarios elevados y gastos empresariales insoportables. En la batalla competitiva, con márgenes de beneficio cada vez menores, *adelgazar* era recuperar la *salud* en una loca carrera hacia la *ingravidez*. La vía para conseguirlo era basar la ganancia del capital en la *imagen* y no tanto en el producto. Claro que eso fue posible porque antes la producción había pasado, paralela a la implantación de las fábricas, del producto a *granel* al objeto *envasado*. Desaparece paulatinamente el comerciante local como vínculo entre el consumidor y los productos. El tendero de barrio es sustituido por el supermercado y las grandes superficies o hipermercados. Y éstos terminan vendiendo sus *marcas blancas,* o *propias,* como ocurre con Mercadona, Dia, Carrefour, etc. Esta individualización y personalización supuso una dura competencia por la calidad, basada en la innovación, que garantizaba el *prestigio* del fabricante, y que termina siendo el motivo principal de elección por el consumidor. El paso siguiente fue potenciar la *imagen* de *marca* mediante ingentes cantidades de dinero destinadas a promoción publicitaria y marketing. Marcas como BMW, Ford, General Motors, Apple, Microsoft, y una lista cada vez más larga, terminan siendo los nombres de un *amigo.* Los publicistas buscan que la *marca* se convierta en el *santo y seña* del consumidor, en lo que le *identifica* ante los demás, en la *expresión vivida* de sus gustos, su cultura, su sentido de la vida.[154] Los anuncios se convierten en bellas *historias* que le pueden ocurrir a cualquiera, donde solo al final sale la *marca.* Por eso, cuando el consumidor no puede adquirir ese objeto *identificador,* se *camufla* tras una *falsificación.*[155] Y si es descubierto puede alardear de que el no es *marcadependiente,* incluso que lucha contra la *alienación* marquista. Ni que decir tiene que la *ideología dominante* propicia ese *parecer* ser antes que *ser.* Una de las mayores falacias y manipulaciones de la historia.

Pero sigamos. Estas grandes inversiones en crear y mantener las *marcas* volvieron a disparar los costes. La salida *natural,* ya ensayada con las *franquicias,* era *externalizar* la producción. El beneficio pasa de obtenerse por la fabricación del producto a resultar del *valor* de *marca* del producto. Fabricar objetos ya no es necesario. Lo pueden hacer otros, siempre que la fabricación se adapte a los *estándares* de calidad de la *marca.* Artículos complejos, como los automóviles, terminan siendo montados en cadenas automatizadas. El fabricante originario -por llamarle de alguna manera- *diseña* el producto que lleva su marca, y encarga los elementos constitutivos a otros, buscando la mayor productividad al menor coste posible para poder competir. Las multinacionales y grandes corporaciones realizan así en una obscena *peregrinación* por los países más *competitivos*, desde China a Vietnam, pasando por Tailandia, Filipinas, Bangladesh, Birmania, Nigeria, etc., a la *caza* de los costes laborales más bajos, mientras crean un *vacío* laboral en sus países desarrollados. Esta *externalización* de los procesos de elaboración exige, a su vez, un mercado libre de trabas arancelarias, cada vez mas globalizado. Todos los tratados comerciales internacionales, como el TTIP (*Transatlantic Trade and Investment Partnership*) entre la Unión Europea y los Estados Unidos, van en ese sentido. Y en esas estamos.

Naturalmente, el sistema *marquista*, que exige una financiación fuerte en *diseño y promoción*, descansa sobre la premisa de que la *marca* se va a consumir, y en la cantidad suficiente para que sea rentable. La *sociedad de consumo* es, por tanto, el principio y el fin -esperemos que también el *final*- del capitalismo desarrollado. Por eso no duda en utilizar el dinero del Estado para *activarlo* en épocas de crisis, *esquilmación* de los recursos públicos pudorosamente cubierta bajo el manto *ideológico* del *keynesianismo*.

Ser y parecer en la sociedad de consumo

El *homo consumens* (una faceta más del poliédrico *homo sapiens*, como la del *homo faber, homo economicus, homo ludens*, etc.) es un *sujeto* característico de la sociedad capitalista desarrollada, cuyas presuntas decisiones *racionales* buscan el *florecimiento* personal mediante la adquisición de objetos que le permitan *mejorar,* o *aparentar* que mejora, su *status social.* Como decía Epicteto, *a los hombres no les inquietan las cosas, sino las opiniones sobre las cosas.*[156] El *consumidor* en *principio* no *cuestiona* el sistema socioeconómico que produce los objetos-marca que *desea.* Al contrario, trata de acceder a ellos por todos los medios posibles (legales, ilegales o ilícitos) lo que crea un *espacio* para la corrupción y su *tolerancia.* Y ha generado un lucrativa industria, la de las *falsificaciones.* Se trata de un *negocio* basado en ese *ser y parecer* que genera enormes bolsas de dinero negro, roba recursos a la economía regulada, necesita de trabajo ilegal, alimenta organizaciones criminales, y perpetúa la desigualdad.[157]

Una de las manifestaciones más perniciosas (hablar de *patología* sería excesivo) es que la mayoría de los consumidores se *autodefinen* inexorablemente como *clase media,* un concepto sociológico cuanto menos dudoso, aunque sea un *asalariado* puro y duro, muchas veces al borde de la *precariedad.* Uno no es como se *percibe,* ni los demás son como los *percibimos,* pero nos comportamos y relacionamos según dichas *percepciones.* En este caso, el trabajador (generalmente urbano, empleado en el área de servicios o en la administración pública) *percibe* y quiere que le *perciban* en función de su nivel de *consumo,* aunque ya no tanto por lo que consume tras la moda del *low cost* (que no deja de ser una estrategia empresarial). Desaparece de su *percepción* el lugar que ocupa en el sistema productivo y su particular relación capital-trabajo; salvo a la hora de conseguir las mejoras salariales que le permitan *escalar* en la capacidad de consumo. Esta *desproletarización psicológica* que, por otra parte, se corresponde con la aparición de nuevos tipos de *asalariados* propio del capitalismo desarrollado y la economía de la *inteligencia,* no solo ha *fractura-*

do la estructura de *clases* de la economía industrial, sino que ha generado un modelo de *vida,* el *consumismo,* que posibilita la manipulación *ideológica.* Pero también genera la *frustración* cuando el *asalariado* no logra sus objetivos de *consumo,* lo que puede facilitar la lucha *ideológica y política* contra el sistema socioeconómico capitalista, *incapaz* de satisfacer las *necesidades de consumo* que necesita crecer... o morir. Por eso, gran parte de las *reivindicaciones sociales* se orientan a mejorar, o defender en épocas de crisis, la capacidad de *compra* de los trabajadores.[158] Por cierto, uno de los *argumentos* más reiterados contra el *socialismo del siglo XXI* en Venezuela, convenientemente azuzado por *neoliberales y socio-liberales,* es que si triunfa el *populismo chavista* en nuestro país -que solo existe en la *paranoia* neoliberal- no se encontrarán productos que *consumir,* lo que es más grave cuando lo que faltan son artículos de primera necesidad. Resulta paradójico, por no decir desvergonzado, que esto se diga de países donde dos tercios de la población no han tenido prácticamente nada que llevarse a la boca, mientras una exigua minoría acaparaba la riqueza y consumía alegremente en Miami.

Por otra parte, la *sociedad de consumo* también *necesita* el mantenimiento del *colchón* protector del *Estado del Bienestar,* que permite a las *clases trabajadoras* dedicar parte de sus recursos salariales al *consumo,* una vez garantizadas las prestaciones sociales básicas de educación, sanidad y servicios sociales. Puede ocurrir algo parecido, pero ahora referido al *consumo,* a lo que ya denunció Lenin: *En virtud de las condiciones de la explotación capitalista, los esclavos asalariados modernos viven tan agobiados por la penuria y la miseria, que no están para democracias, no están para política, y en el curso corriente y pacífico de los acontecimientos, la ma-*

yoría de la población queda al margen de toda participación en la vida político-social.[159] El *consumo* es una especie de *juego de espejos* que nos devuelve una imagen con la que nos interpretamos y queremos que nos interpreten. Una nueva forma de *fetichismo* del objeto de consumo que permite la acción de la *subyugación ideológica* como nunca había ocurrido en el capitalismo.[160]

Es un tema muy complejo, en el que los planteamientos *regresivos* a otras épocas del desarrollo económico capitalista no solo no resultan inaceptables para la mayoría de la población, sino inviables económicamente. A lo sumo que llegan las empresas más *avispadas* es a presumir de *verdes* y *sociales*. Del capitalismo basado en el *consumismo* sin fin, solo se sale hacia *adelante*, hacia el socialismo, con la economía *científicamente regulada* y democráticamente *controlada* para introducir en el sistema productivo la *racionalidad* necesaria para que el consumo sea *sostenible*. Mientras tanto, es posible avanzar en la consecución de ciertas *garantías* y obligaciones en la producción de bienes de consumo, que deberían contemplar al menos estos aspectos:

• Que se respete escrupulosamente el *medio ambiente*, transformando la usual actitud *depredadora* por una *regeneradora*.

• Que se fundamente la oferta de productos de consumo mediante una exhaustiva información, perseguible *económicamente* en caso de falsedad, y *penalmente* en caso de engaño doloso y fraude.

• Que se cumplan íntegramente, sin artificios contables ni recursos a paraísos fiscales, con las *obligaciones tributarias* de las empresas productoras de bienes de consumo, proclives a evadir impuestos mediante el recurso de los *paraísos fiscales*.

Como dice Emilio Martínez Navarro, profesor titular de Ética y Filosofía Política de la Universidad de Murcia: *Lo característico de las sociedades consumistas es que en ellas el consumo es la dinámica central de la vida social, y muy especialmente el consumo de mercancías no necesarias para la supervivencia. En estas sociedades se forja un "carácter consumista" que se manifiesta en una serie de hábitos y creencias que no necesitan justificación alguna, porque ya forman parte de las convicciones sociales asumidas en la práctica cotidiana. Dos convicciones de ese tipo son las siguientes: en primer lugar, se da por supuesto que la meta de la economía es incrementar la oferta de bienes y servicios a toda costa, con independencia de que se satisfagan o no las necesidades de las personas o de que se desarrollen o no las capacidades de las mismas. En segundo lugar, la meta de la política se supone que es asegurar un nivel de ingresos cada vez más alto. Los ciudadanos esperan lo mismo de la política y de la economía: que se amplíen cada vez más sus posibilidades de consumo. La razón de tal expectativa es que la elevación del nivel de consumo ha llegado a ser el signo visible del éxito social, hasta el punto de que las personas contemplan su propia autoestima y la estima del prójimo en conexión con dicho nivel de consumo.*[161]

Estado Social y democrático de Derecho, Estado del Bienestar, mass media, y sociedad de consumo, definen actualmente el *terreno principal* de la *lucha de clases*. Son los aspectos *cardinales* a tener en cuenta en una estrategia de *transformación*. Sin embargo, hay otros aspectos de *singular* importancia, que pueden resultar decisivos a la hora de plantearse la cuestión del *agente político* para la *transformación* social. Me refiero al *ecologismo*, el *feminismo* y la *cuestión nacional*. De manera sucinta para no extenderme, solo mencionaré algunos aspectos de carácter *estratégico* que deberá recoger la teoría y practica del *agente político*.

El marxismo rojo y verde

El movimiento obrero se debate actualmente entre un dilema. Tiene que navegar entre la *escila* del trabajo y el *caribdis* del equilibrio ecológico. Su lógica oposición a que se cierren fabricas altamente contaminantes, como ha ocurrido con la papelera de la ría de Pontevedra, y a perder con ello puestos de trabajo, choca con las exigencias medioambientales de parte de la *ciudadanía,* sensibilizada con el *cambio climático.* En realidad, a los trabajadores les aquejan los efectos sobre el medio ambiente y el clima como a todos los humanos, pero lo padecen más que nadie. Por dar un dato: se estima que en 2012 perdieron la vida 12,6 millones de personas por vivir o trabajar en ambientes poco saludables: casi una cuarta parte del total mundial de muertes, según las estimaciones de la Organización Mundial de la Salud (OMS)[162] Los factores de riesgo medio ambientales, como la contaminación del aire, el agua y el suelo, la exposición a los productos químicos, el cambio climático y la radiación ultravioleta, contribuyen a más de 100 enfermedades o traumatismos. Los más afectados son niños, ancianos, enfermos, gente sin recursos económicos, y trabajadores. Pero nadie se escapa a la larga. Se trata de un fenómeno *transversal.* Tal vez esto explique que el *ecologismo* se haya desarrollado en gran medida al margen de los partidos marxistas tradicionales.

Sin embargo, la relación *trabajo-capital-naturaleza* está en la raíz de la teoría marxista, aunque no con una formulación precisa, y mucho menos desarrollada, al menos hasta hace poco. Por eso cabe preguntarse si *existe un marxismo ecológico*, como hace Elmar Altvater, catedrático de la Universidad Libre de Berlín. La respuesta es que hasta ahora no, al menos específicamente, aunque sí *implícitamente*.[163] Por ejemplo, Marx empleó el concepto del *metabolismo universal de la naturaleza* al referirse a nuestra relación con la tierra aunque no lo desplegó enteramente:[164] *Con la preponderancia incesantemente creciente de la población urbana, acumulada en grandes centros por la producción capitalista, ésta por una parte acumula la fuerza motriz histórica de la sociedad y, por otra, perturba el metabolismo entre el ser humano y la tierra.*[165] Y en la sección segunda del primer capítulo de *La ideología alemana* anticipa la *posibilidad* de que las fuerzas *productivas* muten en fuerzas *destructivas*. Incluso llegó a señalar que, en su concepción, el *socialismo* se caracterizaba por ser un modelo de organización social donde el intercambio entre el ser humano y la naturaleza se realizaría de forma que permitiera el pleno desarrollo de la humanidad.[166] Pero ni Marx, ni sus continuadores, fueron más allá, centrados en la lucha de la clase obrera por sus derechos y en la forma de conquistar el poder para construir el socialismo. Suponían que lo demás vendría por añadidura. Con los años, Marx irá perfilando una lectura mucho más compleja del sistema productivo capitalista. En la observación de los ciclos de crisis desde los años cincuenta del siglo XIX, tendrá oportunidad de verificar las primeras dificultades *ecosociales,* que anuncian las *limitaciones* físicas de la naturaleza, y que sus recursos *finitos* pondrían algún día en jaque la producción capitalista. En *El Capital*, Marx escribe: (...) *todo progreso, realizado en la agricultura capitalista, no es solamente un progreso en el arte de esquilmar al obrero, sino también en el arte de esquilmar la tierra, y cada paso que se da en la in-*

tensificación de su fertilidad dentro de un período de tiempo determinado, es a la vez un paso dado en el agotamiento de las fuentes perennes que alimentan dicha fertilidad (...) Por tanto, la producción capitalista sólo sabe desarrollar la técnica y la combinación del proceso social de producción socavando al mismo tiempo las dos fuentes originales de toda riqueza: la tierra y el hombre.[167]

Hoy parece evidente que el mantenimiento de una economía *sostenible* es incompatible con el capitalismo tal como lo conocemos. Un ejemplo: mientras el *calentamiento global* puede afectar *catastróficamente* a los países más pobres y las clases sociales más vulnerables, las petroleras ven en el deshielo del Ártico una gran oportunidad económica. Por eso no parece exagerado hablar de *ecocidio*,[168] el quinto crimen contra la paz, cuando la Organización para la Agricultura y la Alimentación (FAO) señala que, entre otros aspectos, el 70 % de las principales reservas pesqueras del mundo han desaparecido o están sobreexplotadas, las especies silvestres se están extinguiendo hasta 100 veces más aceleradamente, y cada minuto desaparece una.[169] Han tenido que desarrollarse, como nunca hasta ahora, las *fuerzas productivas* del capitalismo en una economía globalizada, y la urbanización creciente de la población mundial consiguiente, para que se evidenciara el carácter destructivo de su *ley de hierro* del máximo beneficio. Como señala el sociólogo y filósofo marxista franco-brasileño, Michael Löwy, las fuerzas *productivas* se están convirtiendo en fuerzas *destructivas*, poniendo en riesgo de destrucción física a decenas de millones de seres humanos.[170]

No es de extrañar que el marxismo, cogido a contrapelo en la defensa del medioambiente, haya recuperado el concepto de fractura *metabólica,* para una crítica de la relación entre la naturaleza y la sociedad capitalista contemporánea. Lo que posibilita abordar desde una perspectiva nueva (integrando en una visión *holística* las ciencias sociales y las ciencias naturales) las crisis y catástrofes ecológicas provocadas por el sistema socioeconómico. Esa perspectiva *ecomarxista,* cuyo pionero en España fue Manuel Sacristán, integra en su discurso el nexo de unión entre la crítica marxiana del capitalismo y la relación sostenible entre producción y naturaleza, liberándola de la lógica de la ganancia privada. En palabras de Manuel Sacristán, *el modelo marxiano del papel de las fuerzas productivas en el cambio social es correcto; creo que la historia conocida sustancia bien la concepción marxiana; ésta es coherente en el plano teórico y plausible en el histórico-empírico. De modo que no creo que sea necesario revisar esas tesis. (...) La novedad consiste en que ahora tenemos motivos para sospechar que el cambio social en cuyas puertas estamos no va a ser necesariamente liberador por el mero efecto de la dinámica, que ahora consideramos, de una parte del modelo marxiano. No tenemos ninguna garantía de que la tensión entre las fuerzas productivo-destructivas y las relaciones de producción hoy existentes haya de dar lugar a una perspectiva emancipatoria. También podría ocurrir todo lo contrario.*[171] La razón es que en el capitalismo global esa tensión se está *inclinando* peligrosamente hacia el polo de la *destrucción.* No es de extrañar que las potencias capitalistas y neocapitalistas, encabezadas por EE.UU. y China, empiecen a estar preocupadas y busquen, como han hecho tímidamente (el capitalismo es *alérgico* a toda *regulación* que le ate las manos) en los acuerdos de Paris. De ahí la imperiosa necesidad de introducir en el término *crisis ecológica,* de marcado carácter *neutral,* el de *deterioro* de la salud humana.

Por eso, aparte de las *alianzas* con los grupos *ecologistas,* el *agente político* tiene que *integrar* en su visión de la *transformación* socialista la cuestión *medioambiental.* Debe ser uno de sus ejes principales de desarrollo teórico y de propuestas programáticas. Porque los trabajadores no solo tienen la misión histórica de *liberar* a la *humanidad* de la explotación en todas sus manifestaciones, sino la de *salvar* a la *especie,* defendiendo y respetando su hábitat natural.

Plena emancipación de la mujer y cultura

Recorriendo la vida social en toda su dimensión laboral, profesional, política y personal, y con una dimensión *cultural* que no se ha tenido suficientemente en cuenta -por no decir casi nada- en la teoría marxista, está el tema de la mujer. Es algo que supera su dimensión *productiva* (laboral y reproductiva) a la que se ha atenido casi exclusivamente el marxismo y los movimientos de izquierdas hasta hace bien poco. Debemos ser sinceros y reconocer que la falta de un enfoque *global* de la cuestión femenina ha sido uno de los graves errores de la izquierda. La razón, pese a las proclamas *igualitarias,* es que nuestra *cultura,* forjada desde los albores de la civilización, incluye una visión *subalterna* de la mujer (curiosamente, con la excepción *religiosa,* pero en sus formulaciones *panteístas*) que ha permanecido, con distintas *modulaciones,* en todas las *ideologías,* incluyendo la *liberadora,* donde ha sido *encubierta* bajo el manto de la *emancipación* de la humanidad. Se suponía que los trabajadores, al liberarse de la explotación, liberarían a *toda* la humanidad, y por lo tanto a las mujeres. Pero liberarse de la explotación del trabajo, siendo la base de toda liberación social, no significa liberarse del peso de una *cultura* milenaria. Por eso, pese a los avances legales, de facto, la visión *subordinada* de la mujer sigue presente en nuestras sociedades avanzadas, no digamos las que soportan el dominio de ideologías religiosas (cristianismo, judaísmo, islamismo) o fuerte atraso material.

Hay que reconocer que las primeras que comprendieron este carácter *cultural,* más allá de las luchas por los derechos de las mujeres, y los derechos vinculados al trabajo *fabril* (el doméstico se consideraba *natural)* fueron los movimientos feministas del siglo XIX, no siempre comprendidos en la izquierda dominada por hombres. Por ejemplo, el movimiento femenino contaba en 1908 con 40.000 miembros, lo que equivalía al 7 % del total de los miembros del partido socialdemócrata alemán, llegando a 175.000 (16 %) en 1914, y a 206.354 en 1919 (20 %)[172] Es cierto que la tradición marxista asume, desde sus orígenes, la lucha por la liberación de la mujer. En el *Manifiesto Comunista* Marx y Engels denunciaron la opresión de las mujeres, relegándolas a *ciudadanas de segunda clase* en la sociedad y dentro de la familia, por la clase dominante: e*l burgués ve en su mujer un mero instrumento de producción...,* no so*specha siquiera que el verdadero objetivo que perseguimos* (los comunistas) *es el de acabar con esa situación de las mujeres como mero instrumento de producción.* Pero en la práctica, la resistencia a incluir la lucha *feminista* en la II Internacional impidió, tal como proponían algunas dirigentes revolucionarias, crear un órgano que promocionase a nivel internacional la realización de los principios y reivindicaciones a favor de las mujeres. De ahí que, como denunciara Ckara Zetkin, organizaciones de mujeres proletarias y socialistas nacieran al margen y de forma autónoma.[173] La política alemana comunista no duda en señalar que el error continuaba persistiendo entre los comunistas: *Muchos camaradas, y buenos camaradas además, se oponían decididamente a la idea de que el partido crease organizaciones concretas de trabajo entre las mujeres. Las descartaban por lo que tenían de feminismo,* le escribe a Lenin.[174]

La Revolución de Octubre supuso una oportunidad para encarar el tema de la mujer desde la perspectiva *cultural.* La primera dirigente del Departamento de la Mujer soviético, Inessa Armand, proclamó que *si la liberación de la mujer es impensable sin el comunismo, el comunismo es también impensable sin la liberación de la mujer.* La realidad, una vez más, quedó muy lejos de la teoría. Una visita a la URSS de los años 70 del siglo pasado bastaba para comprobar el grado de *liberación* de la mujer *soviética,* tanto en casa como en una sociedad más *conservadora* que la occidental en muchos aspectos de la vida cotidiana.

El *feminismo* de los años sesenta se fundamenta en trabajos tan significativos como los de Simonne de Beauvoir y su influyente libro *El segundo sexo,* escrito en 1949. La manifestación más importante de la época es el llamado *feminismo liberal*[175] cuya máxima represente es la estadounidense Betty Friedan y su libro *La mística de la feminidad.* En el analiza la profunda insatisfacción de las mujeres estadounidenses consigo mismas y su vida, y su traducción en problemas personales y diversas patologías autodestructivas: ansiedad, depresión, alcoholismo, etc. Posteriormente surgirán movimientos feministas menos complacientes con el sistema capitalista, como el *Movimiento de Liberación de la Mujer*, nacido en Francia en 1970, que terminará dividiéndose entre *feministas políticas* (la opresión de las mujeres deriva del capitalismo) y *feministas-feministas* (los *varones* son los beneficiarios de su *dominación*) Con el tiempo, una parte importante del *feminismo*, encabezadas por Sheyla Rowbotham, Roberta Hamilton, Zillah Eisenstein y Juliet Michell, han buscado conciliar *feminismo* y *socialismo*, tras señalar que categorías analíticas del marxismo son *ciegas al sexo*, y que la *cuestión femenina* nunca fue la *cuestión feminista*. Se cierra así el ciclo iniciado en el siglo XIX.

Como se ve, venturosamente, las cosas están cambiando en el seno de la izquierda, aunque muy lentamente, porque la *cultura*, principal mecanismo de *supervivencia* de la *especie*, tiene una fuerte tendencia a *permanecer* mientras las condiciones *básicas* socioeconómicas sean las mismas, aunque las *ideologías* que contiene cambien con la *evolución* de la sociedad. El *agente político* para la *transformación* socialista debe *superar* (y no solo *teóricamente*, o de *boquilla*) los aspectos *ideológicos* del *machismo* si quiere cumplir su papel *emancipador*. No vale solo con incluir en su programa las reivindicaciones de la mujer.

Cuestión Nacional y Pacto Constitucional

Finalmente, una de las cuestiones más candentes en nuestro país, pero que tiene una larga tradición teórico-práctica, es el llamado *derecho a decidir*, un oportuno y oportunista *eufemismo* del consagrado *Derecho de Autodeterminación*, sin el que es imposible comprender cabalmente la historia del siglo XX, la formación de nuevas naciones en Europa, y los procesos de *descolonización*. Se trata, por tanto, de un tema de *candente* actualidad -más con el *desafío* institucional independentista de la *Generalitat de Catalunya*- pero también de una vieja polémica entre los marxistas. Como es lógico, esta cuestión solo puede examinarse desde el punto de vista *histórico*, y no desde los supuestos *principios inamovibles marxistas,* una formulación muy poco *científica*. Así lo abordaron tanto Marx, aunque sin profundizar, como Lenin, éste en dura polémica, tanto con algunos dirigentes *revolucionarios*, como con la socialdemocracia de su tiempo, que encontraba en el *internacionalismo proletario* una escusa para *inhibirse* ante la lucha *anticolonialista*. El primero lo trata, principalmente, desde la perspectiva *eurocéntrica*, mientras que el segundo lo hace desde la óptica *antiimperialista*. Marx habla, en carta a Engels del año 1866, de que las *nacionalidades son un absurdo,* arremetiendo con dureza contra Bismarck y Garibaldi, forjadores de grandes estados nacionales. Pero se pronuncia claramente a favor de la independencia de Irlanda del Reino Unido en otra carta, fechada el 2 de noviembre de 1867: *Antes yo consideraba imposible la separación de Irlanda de Inglaterra. Ahora la considero inevitable, aunque después de la separación se llegue a la federación.* Y en un informe del Consejo de la Primera Internacional, del 10 de diciembre de 1869, señala: *El interés absoluto y directo de la clase obrera inglesa exige la ruptura de su actual unión con Irlanda.*[176]

Mayor dimensión tomó el debate entre Lenin y Rosa Luxemburgo sobre la *cuestión nacional*. No es éste el sitio para desarrollar en detalle un tema *teórico* de fuerte carga *emocional*. Baste para el objetivo del presente trabajo sobre el *agente político* para la *transformación* social definir algunos parámetros de la teoría *leninista* sobre el *Derecho de Autodeterminación* de las naciones, plasmada en varias obras. Sintetizando mucho, pueden resumirse en varias consideraciones que deben servir para afrontar el tema concreto de nuestro país, y la actitud del *agente político* en los casos de Cataluña, Euskadi y Galicia. Aunque las palabras son textuales (están tomadas de distintos escritos de Lenin) los subrayados son míos.[177]

- El proletariado no puede dejar de luchar contra la <u>retención violenta</u> de las naciones oprimidas dentro de las fronteras de un Estado dado, y eso significa luchar por el derecho a la autodeterminación. El proletariado debe reivindicar la libertad de separación política para las colonias y naciones oprimidas por *su* nación. En caso contrario, el *internacionalismo* del proletariado quedará en un concepto huero y verbal. Estar contra la <u>retención violenta</u> de cualquier nación dentro de las fronteras de un Estado dado (...) es lo mismo que estar en favor de la autodeterminación de las naciones. El pueblo que oprime a otros pueblos no puede ser libre.

- En el problema de la autodeterminación de las naciones, lo mismo que en cualquier otro, nos interesa, <u>ante todo y sobre todo</u>, la autodeterminación del proletariado en el seno de las naciones.

- Teniendo en cuenta sobre todo los intereses de la lucha de clase del proletariado en los países avanzados, el principio fundamental del internacionalismo y del socialismo destaca en <u>primer plano</u>.

- El centro de gravedad de la educación internacionalista de los obreros de los países <u>opresores</u> tiene que estar necesariamente en la prédica y en la defensa de la libertad de separación de los países oprimidos. De otra manera, no hay internacionalismo.

- ¿Contestar *sí o no* en lo que se refiere a la separación de cada nación? Parece una reivindicación sumamente *práctica*. Pero, en realidad, es absurda, metafísica en teoría y conducente a subordinar el proletariado a la política de la burguesía en la práctica. La burguesía plantea siempre en primer plano sus reivindicaciones nacionales. Y las plantea de un modo incondicional. El proletariado las subordina a los intereses de la lucha de clases.

Creo que es suficiente para extraer algunas conclusiones:

Primero, que la *autodeterminación* de los pueblos se refiere a los *oprimidos* o *retenidos violentamente,* que era la situación de las colonias y de ciertas naciones europeas. No tienen cabida, por tanto, *nacionalidades* de un Estado democrático, donde los *independentistas* pueden ejercer su labor libremente. Es más, no resulta muy riguroso, aunque se haga rutinariamente, hablar del *Derecho a la Autodeterminación* como un *principio* marxista (que solo reconoce *leyes,* como toda ciencia, y su validación por la *praxis política*) Se trata, en todo caso, de un *derecho humano y de los pueblos*, por utilizar la formulación de la Organización para la Unidad Africana.[178] El *ideal* que refleja, como la declaración de los derechos del hombre y del ciudadano de la Revolución Francesa, el derecho a la realización personal y social en una sociedad libre de explotación y alineación, en cuyo caso solo es posible plenamente en la *superación* del capitalismo. Y también es un *pre-derecho* humano de carácter colectivo (artículo 1 común a los Pactos de derechos humanos de 1966) Como derecho colectivo solo alcanza a los *pueblos y países sujetos a dominación colonial* (Resolución de la Asamblea General de la ONU 1514 (XV) de 1960)

Si nos referimos a Cataluña y Euskadi (Galicia parece que está lejos de plateárselo, pero puede aplicarse igualmente) resulta evidente que no se trata de pueblos sometidos a dominación colonial, racista o extranjera. Como señala el profesor de Derecho Internacional Público de la Universitat de Barcelona, Jaume Saura, en este contexto la libertad de determinar su *condición política* tiene como límite el principio de *integridad territorial del estado*, sobre todo al estar España dotada de *un gobierno que represente a la totalidad del pueblo perteneciente al territorio, sin distinción por motivos de raza, credo o color*. Resolución de la Asamblea General de la ONU 2625 (XXV)

Es decir, el problema *político* hoy planteado en España no deriva de un supuesto *derecho natural,* sino de la *posibilidad,* subyacente en todo *Estado Social y democrático de Derecho,* de *separarse* para formar un Estado *propio* cuando una nacionalidad lo decida mayoritariamente. Lo que presupone la *existencia,* constitucionalmente acordada y votada en referéndum, de las reglas y procedimientos para hacer realidad dicha *posibilidad.* En ese sentido, la *posibilidad* de separación nunca es *preconstitucional.* Naturalmente, los nacionalistas *impacientes,* pese a sus reiteradas referencias a la *democracia,* se sitúan fuera del *Estado Social democrático de Derecho* si tratan de actuar *unilateralmente* -el inviable *procés-* lo que les priva de la necesaria *legitimidad* sin la que la *independencia* es una *quimera* en nuestro tiempo y espacio.

Ahora bien, una cosa es denunciar la *falacia* democrática del *Derecho a la Autodeterminación* -aunque se disfrace de *derecho a decidir-* en un *Estado social y democrático de Derecho,* y otra ignorar el problema *político* planteado cuando una parte del territorio nacional expresa *claramente* su voluntad separatista. Porque resulta absurdo, además de políticamente contraproducente, y escasamente democrático, ignorar el *deseo* de independencia en nuestras nacionalidades históricas cuando alcanza cierta *masa crítica*, expresada electoralmente en una mayoría parlamentaria autonómica, como acurre en Cataluña. La única forma de atender ese deseo independentista es reconocer constitucionalmente la *posibilidad* de separación, regulando las vías, mecanismos, y condiciones para ejercerlo. En pocas palabras, previo al posible ejercicio de la *posibilidad* de separación, es necesario un *pacto constitucional* que la haga posible sin *vulnerar* los *derechos* del resto de los pueblos de España.

Lo que no vale es intentar resolver un problema *político* de tal magnitud como es la *integridad* del Estado mediante la repetición mecánica y oportunista de *slogans* y otros *significantes vacíos;* o, si se quiere, mediante pura palabrería *hueca* sobre la *soberanía* nacional. Es necesario, repito, conjugar la *posibilidad* de separación con la *legitimidad* del *Estado Social y democrático de Derecho*, que es la gran *conquista* político-administrativa de los trabajadores. Primero, mediante un *pacto constitucional* que contemple la *posibilidad* de separación. Segundo, definiendo con la mayor claridad jurídica la forma de ejercer dicha *posibilidad*. Para ello contamos con experiencias valiosas como las de Quebec, en Canadá, y la resolución de su Tribunal Supremo.[179] En cuanto a la *reivindicación* de un referéndum a la *escocesa* para evitar la *desconexión unilateral* -en marcha por otra parte- carece de sentido *histórico* y posibilidades *prácticas,* lo que no es poco para una propuesta *política* que se tilda de *sensata*. Y no lo es por la sencilla razón de que en España contamos con una Constitución *pactada* y *refrendada,* al contrario de Gran Bretaña. Y porque se pasa alegremente por alto el hecho de que Escocia e Inglaterra eran naciones independientes hasta la *Union Act* de 1707. Y desde 1603 compartían soberano: Jacobo VI de Escocia era también rey de Inglaterra bajo el nombre de Jacobo I.

Como se ve, estamos ante un problema de primera magnitud, sin más salida *política* y solución jurídica que alcanzar un gran *pacto constitucional* para abordarla. Desde un punto de vista marxista es inseparable de la situación concreta y la realidad de la *lucha de clases*. En los países democráticos de capitalismo desarrollado, el nacionalismo independentista tiene una raíz *regresiva* (cuando no reaccionaria) pequeño burguesa, que la burguesía no oligárquica utiliza en su defensa frente a la imparable globalización. Lo que obliga a diseñar una estrategia política de largo alcance, que vincule la *cuestión nacional* en España con la lucha de las clases trabajadoras por alcanzar el poder y desarrollar el *Estado Social y democrático de Derecho* en el proceso de *transformación* del sistema socioeconómico capitalista. Es la forma actual del histórico y glorioso *internacionalismo,* necesario hoy como ayer, aunque sea con distintas formas, para la construcción de una sociedad socialista. Lo que nos lleva a la parte final del libro, donde analizaré el *qué* y el *cómo* del *agente político* para la *transformación* de la sociedad.

Pero antes quiero referirme, aunque sea brevemente, a la cuestión de la permanencia o no en la Unión Europea, y más concretamente en el *Eurogrupo*. La complejidad del tema y su *oportunidad política* ha conseguido que desaparezca de los debates salvo para proclamar la necesidad de su *reforma* y avance hacia una mayor y más solidaria unidad política. El doloroso ejemplo de Grecia está demasiado cercano como para que se puedan sacar conclusiones serias, más allá de la denuncia hacia el *despotismo* de la *troika* y la intransigencia de los acreedores, fundamentalmente alemanes. El *brexit* no ha hecho más que complicar las cosas. Así pues, me limitaré a expresar unas pocas, pero fundamentales, ideas sobre un asunto que, tarde o temprano, deberá abordarse en el seno de la izquierda con suficiente rigor.

En primer lugar, me parece necesario definir la UE como nuestro principal *espacio* político de *luchas de clases* en el terreno internacional. Un campo actualmente dominado por el *conservadurismo* y el *neoliberalismo,* que refleja, por otra parte, la realidad *socioeconómica* de sus países miembros. Hay que partir de este hecho para diseñar un política internacional acorde al objetivo *estratégico* de *trasformar* la sociedad. Desde esta perspectiva caree de sentido plantearse la *salida* (como, curiosamente, proponen los *populismo* de derecha y *ultras* de todo tipo). La actitud infantil de *como no me gusta, ni me dejan hacer lo que quiero, pues me voy,* no es más que una *pataleta* que, en el fondo, rehúye afrontar las dificultades de la *lucha de clases* internacional, en el *espacio* supranacional de globalización donde tiene que darse actualmente. Y donde se puede *garantizar,* cambiando la actual *correlación de fuerzas* capital/trabajo, el avance hacia la *transformación* socioeconómica, inviable, no nos engañemos, en un *solo país.*

La verdad es que estamos ante una batalla muy difícil y desigual... pero ¿alguna no lo ha sido?. Lo que hay que hacer es ir conquistando posiciones, forjando alianzas, logrando avances legislativos, etc. Pero no resulta de recibo abandonar esa lucha para recluirse en tu país, dependiendo de los mercados globalizados para desarrollarte económicamente. Salvo que se que se proponga el regreso al pasado de una idílica *autarquía*.

V. EL QUÉ Y EL CÓMO DEL *AGENTE POLÍTICO* PARA LA *TRASNFORMACIÓN* SOCIALISTA

Resulta sorprendente que en los trabajos y propuestas más solventes sobre el capitalismo, sus crisis, evolución y superación nunca se mencione el *agente político,* aunque sea bajo su formulación convencional, el partido. Perecería como si esta cuestión, que fue medular en la actividad práctica y los debates teóricos de la II Internacional, careciera de importancia; o que no fuera necesario añadir nada nuevo una vez establecido su papel: el *cauce* principal de participación ciudadana en la democracia *liberal* mediante la elección al parlamento de los candidatos propuestos por los partidos, o para la elección directa del Presidente en los sistemas democráticos *presidencialistas.* A lo sumo, los estudiosos y profetas del *fin del capitalismo* por muerte *natural,* buscan hacer más *democrática* dicha participación; por ejemplo, abriendo las posibilidades de intervención de los electores mediante *listas abiertas.* Lo que no resulta suficiente, al menos si se quiere *transformar la sociedad.*

El partido político es un fenómeno histórico que surge como una necesidad en los procesos de transformación del *Ancien Régime.* De ahí que comenzaran siendo *clubs* de conspiradores, como los jacobinos, o distinto tipo de *asociaciones* (culturales, económicas, religiosas) más o menos toleradas, si bien, el partido político tal como lo entendemos actualmente nace en Gran Bretaña, en el siglo XIX, con la organización parlamentaria de los Tories y los Whigs. Para terminar transformándose en los aparatos *oligárquicos* actuales. Desde que Ostrogorski escribiera el primer tratado propiamente dicho sobre el partido se han publicado miles de trabajos y estudios, con mayor o menor enjundia (¡cerca de 11.500 textos de 1945 a 1998, sólo en Europa occidental!) No es de extrañar, porque el concepto partido político es *polisémico*, y está condicionado por muchos factores: históricos, geográficos, económicos, culturales, etc. Pero, aparte de las cuestiones académicas que tanto entusiasman a los científicos sociales y a los profesores de políticas, el tema de los partidos es esencialmente empírico, *taxonómico* si se quiere, ya que existen porque responden a una *necesidad política*, y se estructuran y organizan para responder a dicha necesidad. De ahí su diversidad, dentro de unos rasgos comunes: pueden ser oligárquicos, de masas, de cuadros, revolucionarios, *people's party*, *catch-all*, posmoderno, ómnibus, empresarial... Hay quien propone hasta 15 tipos.[180]

Ciñéndonos a los partidos modernos, se trata de una *evolución*, impulsada por las transformaciones sociales y las formas de lucha contra el *Ancien Régime*, de los clubes, logias o grupos del siglo XVIII. Catapultados por los conflictos de clase, adquieren relevancia tras el desmantelamiento del viejo orden político y la necesidad de crear *canales* de representación democrática entre el Estado y la sociedad civil. Desde sus orígenes, el partido político moderno es una organización burguesa que trata de representar los distintos intereses de clase en la lucha por configurar el Estado más conveniente para el sistema socioeconómico capitalista. Es decir, se define por su *función* y se organiza de acuerdo a sus *objetivos*. La *función* consiste, esencialmente, en acceder al poder político-administrativo y configurarlo a la medida de los intereses que defiende y representa, de acuerdo con su *ideología* específica (*liberal* o *conservadora*) La *organización* variará de acuerdo a los mecanismo de acceso al poder y las dificultades o trabas para conseguirlo. De ahí que los partidos *liberales* siguieran teniendo, al menos durante cierto periodo histórico, un componente *conspirador,* más o menos *clandestino,* a fin de vencer la resistencia institucional de las fuerzas del viejo régimen, muchas veces en colaboración con los conservadores. Durante esta etapa histórica, los obreros servían de *carne de cañón* en la lucha de los liberales, y carecían de partidos políticos propios.

Finalmente, los aspectos *funcionales* y *organizativos* de los partidos cristalizan en formaciones de carácter *oligárquico,* fuertemente jerarquizadas, cuyos niveles de dirección están copados por intelectuales más o menos especializados en las futuras tareas de gobierno, y dedicadas a ganar votos en la contienda electoral mediante la competencia programática e *ideológica.* No es de extrañar que las promesas electorales duren lo que se tarda en ganar las elecciones. Los partidos saben que cuentan con un *periodo de gracia* de cuatro años, tiempo más que suficiente como para que se *olviden,* o *justifiquen,* las partes incumplidas del programa (la culpa siempre es de otros: *herencia recibida,* coyuntura internacional, los *mercados,* etc.) Paradójicamente, la *desmovilización* ciudadana que tal comportamiento provoca refuerza el carácter *oligárquico* de los partidos. Un círculo vicioso que provoca estallidos periódicos de *representatividad.* Entonces se articulan formas *transitorias* de democratización interna de los partidos, se plantean reformas en la ley electoral, se busca la complicidad de los electores en consultas y refrendos, etc. La vida política se revitaliza por un tiempo, el que la *ley de hierro* de Michels necesita para actuar.

Pero la *oligarquización* de los partidos tiene otra consecuencia inevitable: la necesidad del *líder,* que en los partidos *populistas* alcanza el paroxismo al diluirse los referentes *ideológicos* tradicionales. Como señala acertadamente Michels, (...) *cuando en cualquier organización la oligarquía ha alcanzado un estado avanzado de desarrollo, los líderes comienzan a identificar consigo, no solo a las instituciones partidarias, sino también la propiedad del partido.*[181]

Oligarquía y *liderazgo* son dos de las características principales del sistema de partidos en la democracia *liberal*. Deben, por tanto, ser eliminados del *agente político* para la *transformación* social ya que ésta no puede realizarse con un *partido* tradicional. Todos los partidos de izquierda, incluso los que se dicen *revolucionarios,* una vez que circunscriben su acción al juego parlamentario, se organizan y actúan como un partido más del sistema. Se *metamorfosean* de organización contestataria al sistema político en *oposición* institucional que contiende por el poder político. Y cuando no lo han hecho, como ocurre con los partidos comunistas, se han convertido en un grupo *residual* inoperante, autoalimentado de *dogmatismo* marxista-leninista, y confinados en los inocuos márgenes del sistema.

En la actual situación histórica, cuando el sistema socioeconómico capitalista da claras y aciagas muestras de *agotamiento,* y la posibilidad de su *transformación* socialista está cada vez más patente, la pregunta que nos debemos hacer es si el partido *promueve* o *impide* el cambio social, si *propone salidas* a la crisis en la dirección de transformar el sistema productivo o trata de contenerla mediante ineficaces *reformas*, si apoya la evolución social promovida por la revolución científico-técnica, o intenta reafirmar los postulados tradicionales de la *ideología dominante*. Esta es la frontera entre partido convencional y *agente político*.

Como veremos más en detalle, el *agente político* para la *transformación* socialista no puede ser un partido (en el sentido tradicional) aunque actúe como tal en distintos aspectos de la vida política institucional. Representa una forma históricamente nueva de acción que va más allá de la democracia liberal para ser una manifestación de la *Democracia Ampliada*. No es exclusivamente *cauce* de representación y acción política de los trabajadores sino la *instancia* de lucha ideológica y orientación política en la defensa del proyecto de *transformación* socialista. No es *fin* en sí mismo, con metas e intereses propios, sino un *medio* para los intereses de los trabajadores y la meta del socialismo. Su *función* y *organización* no son los de un partido del *sistema*, aunque actúe dentro de él... mientras se *transforma*.

Poder *público* y poder *político*

Para comprender adecuadamente la *dialéctica* entre el *agente político* para la *transformación* socialista, que representa el nuevo sistema socioeconómico en el marco jurídico-institucional del *Estado Social y democrático de Derecho*, correspondiente al capitalismo desarrollado, es necesario entender la diferencia entre poder *público* y poder *político*, algo que ya abordó Marx, aunque de manera tangencial, dentro de su análisis de los procesos democrático burgueses del siglo XIX. En el inacabado Tomo III de *El Capital* tenía previsto desarrollar el análisis del Estado, junto con las *clases sociales*. Lo importante aquí es señalar que el proceso histórico *revolucionario* que lleva a la burguesía a convertirse en clase *dominante,* y al capitalismo a desarrollarse libremente, supone una serie de conquistas *políticas* y la conformación de un poder *público* sobre los que se puede levantar la futura sociedad *socialista* realizar la plena *emancipación* de las clases trabajadoras, convertidas a su vez en clase *dominante.* Un *predominio* que solo puede ejercerse, a su vez, en su *paulatina* desaparición.

La gran aportación de la revolución democrático burguesa es la *ciudadanía:* es decir, la *igualdad política* de todos los individuos, lo que les permite ejercer su *soberanía.* Esta *igualdad* supone que los individuos no se definen ya en función de su previo *status social* (comunidad, clase, riqueza, etc.) sino como *ciudadanos* con derechos políticos *iguales* a los del resto de los ciudadanos que conforman el pueblo y se constituyen en Nación con su Estado. Es con la Revolución Francesa cuando la *ciudadanía* toma en Europa formas concretas, y no precisamente de manera *absoluta.* Al contrario, comienza por diferenciar entre *ciudadano activo* y *ciudadano pasivo,* lo que permite las limitaciones *censitarias,* basadas en el nivel de impuestos necesarios para ser elector. Hasta la revolución de 1848 no se instaura definitivamente el *sufragio universal*, que solo arraiga en Francia con la III República, aunque de esa *universalidad* estaba excluida más de la mitad de la población, las mujeres. En otros países se tardó más en conseguir el ansiado *sufragio universal.* Habrá que esperar hasta 1907 para que las mujeres consigan el derecho al voto por primera vez en Finlandia. En España hasta 1931, con la Constitución de la II República. Pero ese es otro cantar.

Volviendo a lo que nos ocupa, la democracia burguesa *liberal* parte del concepto de *ciudadanía*, derivado de la *igualdad* de nacimiento de todos los seres humanos. Pero no niega las diferencias sociales, culturales, económicas. Al contrario, las presupone y asume como una inevitable *consecuencia* de la naturaleza humana *egoísta*. Lo que hace es *emanciparlas* al establecer la *igualdad* política de todos los individuos expresada en el sufragio universal. Ahora bien, no debemos caer en el *fetichismo* al hablar de *ciudadanía*. No se trata de un derecho *natural*, una especie de valor *preconstituido*, sino de una *conquista* lograda mediante la lucha democrática, incluso contra la fracción *conservadora* de la propia burguesía, por lo que su *contenido* sigue estando en juego mediante las luchas por definirlo. No hay que olvidar que para la concepción *liberal*, la democracia significa *libertad* personal de un individuo dedicado a sus *asuntos* particulares, incluida la elección de sus representantes políticos, todo en el escenario de una sociedad civil que tendría en el *mercado* libre la forma *natural* de autorregularse. Una vieja idea, expresada elocuentemente por el filósofo y político francés, de origen suizo, Benjamin Constant (1767-1830) [182] convenientemente *actualizada* por el neoliberalismo de los años 90 en su ofensiva contra la izquierda.

Tenemos, pues, dos instancias de poder, la individual inalienable de la igualdad *política,* y la social *transformable* de lo *publico*, que es la forma institucional de *soberanía*. Esta es la nueva dialéctica alumbrada por las revoluciones democrático burguesas, con la que tendrán que bregar para mantener su *dominio* y, por lo tanto, el propio sistema socioeconómico. Es, resumiendo y simplificando, la dialéctica *individuo/colectividad*; o, si se quiere, *político/productor*. Por eso, renunciar a la *ciudadanía,* o *limitarla* en función de un supuesto interés revolucionario, es una *regresión,* reaccionaria por tanto. En la práctica, una nueva forma de *Despotismo Ilustrado,* como ocurrió en la URSS, en muchos aspectos poco *ilustrado* y muy *despótico* en general. La frase de Marx en *Sobre la cuestión judía,* sigue siendo esclarecedora, aunque haya sido tergiversada frecuentemente: *No cabe duda de que la emancipación política constituye un gran progreso, y aunque no sea la forma última de la emancipación humana en general, sí es la forma última de la emancipación humana dentro del orden del mundo actual.*[183] En efecto, las sociedades se *transforman* avanzando en las conquistas democráticas, no retrocediendo; *ampliando* las libertades, no *restringiéndolas.*

Otra cosa es la *defensa* del nuevo poder *público* alcanzado democráticamente mediante los instrumentos jurídico-constitucionales y la movilización social. Para eso, es necesario que el *poder político* de los individuos se manifieste en el ejercicio permanente de su *soberanía,* incluso cuando *delegan* en sus representantes; y el *poder público* integre las *formas estatales externas* que expresan la naturaleza *productiva* de los individuos (entendida ésta en sentido amplio y no solo industrial) Es decir, mediante la *superación* político-institucional de la fractura *ciudadano/productor.* De forma que el *sujeto social* pueda *transformar* el sistema socioeconómico y crear uno nuevo. En ese sentido, al hacer *real* la plena libertad *individual* en su dimensión *social,* la conquista del *Estado Social y democrático de Derecho,* liberado del *corsé* capitalista, se convierte en garantía de *transformación.* El objetivo es superar la *limitación* intrínseca de la democracia en el sistema capitalista: ésta se *detiene* a la puerta de la empresa, donde rige el *poder* de la propiedad privada. La *igualdad* desaparece, y el *ciudadano* pierde su condición *política* para convertirse en *productor,* sometido a la autoridad del empresario con el que se supone ha pactado *libremente* su relación laboral. Estamos ante una especie de *neofeudalismo,* un ámbito de *poder residual* que solo la lucha colectiva de los trabajadores puede *reequilibrar* hasta su desaparición final con la *socialización autogestionada* del sistema productivo. Porque para el capitalismo, la democracia no atañe a la economía, cuyo funcionamiento se deja a las *leyes autorreguladoras* del mercado. Así, esa dimensión esencial de la actividad humana -social, por tanto- escapa al control democrático.

La dialéctica *ciudadano/productor* impulsa el proceso democrático hacia la *transformación* del sistema capitalista, algo indisolublemente ligado al *desarrollo* de las fuerzas productivas que permite la *sociedad de la información,* la *racionalización* digital del mercado, la *socialización* de la riqueza y su distribución según el principio de a cada uno.... Parafraseando a Lenin, el socialismo significará el *Estado Social y democrático de Derecho* + las *formas estatales externas* + la *Revolución Digital.* Todo lo cual no significa que exista un diseño previo, como se pensó y defendió en la III Internacional comunista. Será la práctica concreta de la lucha de clases en cada situación concreta quien dibujará el futuro *Estado Socialista y democrático de Derecho.* Lo que si se puede afirmar ya es que, en todo caso, significará mas *democracia,* mas *soberanía,* mas *libertad*, mas *solidaridad* y más *igualdad.*

Todo lo dicho nos debe permitir una mejor comprensión de la forma específica de materializarse el poder *político* a la que se refería el *Manifiesto del Partido Comunista* cuando habla de poder *pú-*

blico, un poder con dos características fundamentales que lo diferencian de los existentes en el pasado: no le *pertenece* a nadie, individuo o grupo social; y su *legitimidad* no tiene su origen en un orden *sobrenatural,* sino es fruto de la *emanación política* del pueblo *soberano.*

Resumiendo, para que pueda abordarse la *transformación* de la sociedad es necesario que el *poder político* se manifieste en el ejercicio de la *soberanía permanente* del individuo; y que el *poder público* integre la *formas estatales externas* surgidas en la lucha reivindicativa, donde el *individuo* actúa como un *ser social,* como productor. Es lo que llamo *Democracia Ampliada,*[184] que es la *fusión* emancipadora de lo *político* y lo *público,* del *individuo* y el *productor,* en *síntesis superadora* -para utilizar la terminología hegeliana-, de la *separación* de *ciudadanía* política y de la existencia *social.*[185]

Veamos ahora como afecta a la naturaleza y acción del *agente político,* tanto en los aspectos organizativos, como en su participación en los ámbitos del poder *político* y poder *público,* que seguirán separados mientras persista el sistema socioeconómico capitalista.

Una vez más, ahora ¿qué hacer?

Para empezar, y antes de responder a la pregunta *fundacional* de ¿qué hacer?, debo aclarar que para mi el *agente político,* tal como he venido utilizando el término -en sustitución del clásico partido-, es la instancia *unificadora* previa de lo *político* y lo *público,* el campo de *superación* de la fragmentación entre lo *individual* y lo *social.* Al tiempo que factor esencial para que se de la *fusión* en las hoy separadas actividades *ciudadana* y *productiva.*

Un ejemplo: pensemos en el papel del *agente político* en una *estructura estatal externa,* creada en la lucha reivindicativa, donde rige la *democracia deliberativa, participativa y directa*: solo puede aspirar a *desenmascarar* la realidad *política,* ejercer la *crítica* marxista ante las *ilusiones* de una solución *definitiva* en el marco del sistema socioeconómico capitalista, y *convencer* de la necesidad de configurarse como una *nueva dimensión* de poder *público.* No tiene más autoridad ni otro papel. En cambio, en la cámara de diputados, en cuanto representante *político,* actúa con la autoridad *delegada* de los votos recibidos para hacer propuestas *programáticas* en el juego dialéctico de lo *posible* y lo *necesario,* denunciar la actividad *gubernamental* contraria a los intereses de los trabajadores, forjar acuerdos y alianzas para lograr mejoras sociales, etc. Pero no se trata de un *partido* convencional, ya que su *fuerza* no es *exclusivamente* electoral, sino que se nutre del poder *público* de las *formas estatales externas.* Claro que todo esto es más fácil decirlo que llevarlo a la práctica. De hecho, los partidos de la izquierda *radical* acostumbran a proclamar que nunca abandonarán las *movilizaciones* ni dejarán de pisar la *calle.* Lo que no parecen entender es la relación de *poder* entre una cosa y la otra.

El problema surge de un hecho evidente, por mucho que los *voluntaristas* de todo tipo traten de negarlo: las *formas estatales externas* no se pueden crear por decreto, son fruto, más o menos espontáneo, de la propia lucha reivindicativa. El papel del *agente político* no es forzarlas a nacer, sino proponer, mediante la lucha *política* contra el *dominio ideológico,* su consolidación como *poder público,* para que actúen como algo más que un órgano *transitorio* de organización de la lucha reivindicativa. Lo que, a su vez, exige que se reconozcan de *ju-*

re, una vez convertidas en una realidad de *facto*, en el marco del *Estado Social y democrático de Derecho* que permite la acción institucional, salvaguardada jurídicamente, de las *formas estatales externas* donde los trabajadores ejercen su poder *público* como defensores y gestores de sus intereses socioeconómicos. Se trata de una relación dialéctica, cuya *superación* será posible en lo que podríamos definir como *Estado Socialista de Democracia Ampliada*, donde será posible el ejercicio pleno y *permanente* de la *soberanía* de todos los *ciudadanos*, soberanos también en la gestión de la producción y distribución de riqueza de acuerdo al principio *de cada cual según su capacidad, a cada cual según su necesidad,* enunciado por Karl Marx en su Crítica del Programa de Gotha.

Lo que nos lleva a la cuestión del *espacio* de acción del *agente político*. En este sentido, la experiencia histórica no es precisamente aleccionadora. En la URRS primero, y en el resto de los países del *campo socialista* después, se justificó el papel *dirigente* de los comunistas, y el control burocrático del *poder* de la clase obrera por el PC, con el argumento *irrebatible* de que *los comunistas expresan los intereses de los obreros*.[186] Una curiosa forma de negar la democracia liberal manteniendo el presupuesto *de delegación de soberanía* de la democracia liberal. El resultado solo podía ser una catástrofe total, sin paliativos, la *burocratización* total de las actividades productivas e institucionales, la resignada *pasividad* de los trabajadores -con estallidos esporádicos de protesta, brutalmente reprimidos- y el colapso final, con la reinstauración del capitalismo y la denostada democracia liberal parlamentaria. Nos queda por ver lo que depara la evolución del resto de países *comunistas* supervivientes.

Así pues, *qué hacer* en realidad nos interroga insistentemente hoy por *cómo hacer, con qué hacer, para qué hacer*. No se trata de construir un partido *antisistema,* ni del *sistema,* pues el primero no es otra cosa que el *negativo* del segundo, parte de la misma realidad aunque se empeñe en negarla, que la reafirma en su propia negación. Condenados a *rehacer* lo que destruye. O a *completar* el proceso histórico del sistema precapitalista. Basta preguntarse *dónde* está el *socialismo* anunciado en el *Manifiesto Comunista* tras un siglo de la Revolución de Octubre. ¿Queda todavía algo aprovechable de la experiencia revolucionaria del pasado, de sus luchas heroicas, del ingente caudal de esperanza y sufrimiento, de la inmensa tragedia de un proyecto defendido a sangre y fuego, finalmente derrotado? Y si queda, *qué* es, en *qué* sentido sigue siendo válido, *cómo* se manifiesta en los inicios del siglo XXI, en la era de la *Revolución Digital*, de la sociedad de la información y el consumo, de la economía colaborativa y en red, de la conquista por los trabajadores del *Estado Social y democrático de Derecho,* acechado por la deriva populista y autoritaria; en el siglo XXI de la globalización donde existe una inmensa capacidad productiva atenazada por el corsé de las *relaciones de producción* capitalista; en el siglo XXI de la insoportable desigualdad, de la precariedad sistémica, de la crisis económica sostenida en el tiempo, sombría *onda* o ciclo de Kondrátiev sin horizonte; en un siglo, el XXI, donde corremos el riesgo de que el grave deterioro del medioambiente termine siendo fatalmente *irreversible*. Comencemos a responder preguntas.

El *agente social* y los *especialistas*. Una de las cuestiones que más preocupaba a los revolucionarios de finales del siglo XIX, cuando la II Internacional comenzaba a tener un protagonismo del que careció la Primera, era la de los *cuadros*. Se suponía que, una vez conquistado el poder y expropiada a la burguesía la propiedad de los medios de producción, se le planteaba al movimiento obrero la ingente tarea de gestionar la actividad económica. Así, Engels le escribe al líder trabajador y dirigente de la socialdemocracia alemana, August Bebel: *Para tomar posesión y poner en movimiento a los medios de producción, necesitamos gentes con instrucción técnica, y en masa. No las hemos logrado, y hasta ahora incluso hemos estado bastante contentos de habérsenos ahorrado la gente "culta". Ahora las cosas son diferentes. Ahora somos los suficientemente fuertes como para soportar y asimilar cualquier cantidad de cultos Quarcks,[187] y preveo que en los próximos ocho o diez años reclutaremos bastantes jóvenes técnicos, médicos, abogados y maestros para que podamos administrar las fábricas y las grandes fincas en nombre de la nación y por medio de camaradas del partido.[188]*

Engels expresa un *paternalismo elitista* a la hora de pensar el proceso revolucionario, algo comprensible en su época donde los obreros *ilustrados* eran escasos, la mayoría de ellos ajenos a las tareas de dirección en la fábricas, y la separación entre trabajo físico y trabajo intelectual muy acusada. Engels sabía bien de lo que hablaba porque el mismo era un exitoso empresario textil. Pero la idea, aunque ajustada a la realidad de su tiempo, contenía el *germen* de una concepción del partido *dirigente* que conduciría al *dominio* total sobre la sociedad, como los *únicos* interpretes de los intereses de los trabajadores, incluso contra los propios trabajadores si fuera - y lo fue- necesario.[189] El partido pasa así de *agente político* a ser concebido como el *sujeto social,* en una dramática pirueta de *suplantación* que termina por *enajenarse* el apoyo del *sujeto social*. En esa concepción, aunque los obreros eran los protagonistas de la revolución proletaria, la *construcción* del socialismo debía necesariamente estar dirigida y controlada por los *cuadros* del partido. Lenin, por su parte, incorporó a esta visión de Engels el concepto de Marx de *clase en si* y *clase para si*, por lo que el *dominio* del partido no solo estaba justificado por la necesidad *coyuntural* de *cuadros,* sino por la incapacidad de los obreros para superar por si mismos el nivel puramente reivindicativo, *tradeunionista*, y liberarse de la *dominación ideológica* de la burguesía. Stalin aplicó concienzudamente estas premisas, y convirtió el partido en omnipresente y todopoderoso, fuera del cual no había *salvación*... aunque tampoco dentro si se cuestionaba la *infalibilidad* del Secretario General. Este *hiperliderazgo* no es casual, ni fruto de la mente perversa y maquiavélica de Stalin. Es una consecuencia lógica de la propia naturaleza del partido, heredero de la tradición jacobina. Como señala Michels en su obra *Los partidos políticos*,[190] la existencia de un *líder* resulta indispensable en la organización y dirección del partido. Se trata de un liderazgo *natural* que cohesiona al grupo, integra las discrepancias, y expresa la separación entre gobernantes y gobernados. En este sentido refleja la *jerarquización* de la sociedad capitalista, la *superioridad* económica e intelectual de unos pocos sobre la mayoría.

Los primeros intentos serios de repensar *críticamente* el papel y la función del partido, ajustándolo al desarrollo socioeconómico del capitalismo, los realiza Antonio Gramsci. Pese a estar en la cárcel, y no conocer la dramática realidad de la URSS en detalle, Gramsci era consciente de los riesgos del estalinismo, y de que, en cualquier caso, no eran válidos para la situación de Italia. Así, trata de *reformular* las tareas del partido ajustándolas al objetivo de conquistar la *hegemonía* en la sociedad civil. Son significativas las palabras propuestas por Gramsci para encabezar el periódico *Ordine Nuovo* del que era director y *alma mater*:

> *Instrúyanse, porque tendremos necesidad de toda vuestra inteligencia.*
> *Agítense, porque tendremos necesidad de todo vuestro entusiasmo.*
> *Organícense, porque tendremos necesidad de toda vuestra fuerza.*[191]

La evolución posterior del PCI, de partido de *cuadros* a partido de *masas*, hasta su disolución en una alianza de centro-izquierda, es sobradamente conocida. Una evolución, con parada en el *eurocomunismo,* que solo podía llevar a la inoperancia y marginalidad o la desaparición. Porque la cuestión fundamental, la raíz del problema, la respuesta al interrogante de *qué hacer,* no se abordó con suficiente rigor, quedándose en el mejor de los casos, en los aspectos *formales.* Hoy carece de sentido la distinción entre *masas* y *cuadros*, y no esta justificado desde ningún punto de vista el *paternalismo elitista.* En la *sociedad de la información* y la educación *universal,* la diferencia entre un *cuadro* de partido y un trabajador estriba en la *militancia.* Ya no es el número, ni la extracción social, ni la calidad profesional de los *cuadros* lo que define al *agente político*, sino su *proyecto* de sociedad alternativa al capitalismo. Alternativa que se basa en el análisis marxista de la realidad, que utiliza el *método científico* para plantearse la acción *político-institucional,* y que desarrolla su lucha *ideológica* contra la dominación neoliberal en todos los campos de la *cultura.*

Por otra parte, la histórica *separación* entre trabajo *manual* y trabajo *intelectual* carece de sentido según avanza la economía basada en la *computación,* y se amplia el campo de la automatización y robótica en los talleres y servicios. Hoy los trabajadores necesitan *intelectualizarse* para seguir dentro del sistema productivo, al tiempo que se amplia la educación y cada vez mas hijos de *asalariados* acceden a la universidad. De ahí que carezca de sentido, si alguna vez lo tuvo, la famosa *alianza* de las fuerzas del trabajo y la cultura de Carrillo. La cuestión se establece, por tanto, entre conocimiento *político* y conocimiento *productivo*; y dentro del primero, entre teoría *marxista* y teoría *reformista* (socialdemocracia vieja y nueva), que es la parte *crítica* de la *ideología dominante.* La lucha por la *hegemonía* es, por tanto, un combate entre *ciencia,* que parte de los mecanismos *evolutivos* de las sociedades humanas; y *creencia* en que el sistema capitalista y su mercado libre son *insustituibles,* y solo necesitan mejorar *reformándose.*

En cuanto al conocido dilema *partido de cuadros/partido de masas*, carece actualmente de sentido. Cuando la *lucha de clases* se desarrolla *políticamente* por los cauces del *Estado Social y democrático de Derecho*, todos los partidos son de *masas,* necesitan ser de *masas* para poder *imbricarse* en el tejido social y resultar *electoralmente* efectivos. Pero el *agente político* para la *transformación* socialista es mucho más que un partido de *masas,* un *atrapalotodo* (catch-all, según Otto Kirchheimer), un *captador de votos* multicomprensivo y *transversal* que, paradójicamente termina siendo un partido de *cuadros.* Es un factor decisivo en la defensa, consolidación y desarrollo de las *formas estatales externas* creadas por los trabajadores en su lucha reivindicativa. Lo que exige no solo una actividad estrechamente vinculada a los movimientos sociales, sino el debate abierto y libre sobre la actividad política, y un continuo desarrollo *crítico* de la teoría marxista de la *transformación* social, sometida permanentemente a la *validación* de la *praxis*.

La función *emancipadora* de la lucha ideológica. Ya he señalado la importancia primordial, básica, *cimiento* de la actividad del *agente político*, de la lucha contra el mecanismo de *Subyugación Ideológica* del sistema capitalista, en la batalla estratégica por la *hegemonía* político-institucional. La *cultura* es el campo donde se dirime, en primer lugar, la posibilidad de *transformación* del sistema socioeconómico. La amplitud del propio concepto de *cultura* muestra la magnitud de la tarea: engloba tanto *conocimiento,* acumulado y nuevo, como las *creencias*, viejas y actuales.

Somos seres *culturales,* biología *cultural* si se quiere, por lo que resulta imposible separar la *cultura* de las condiciones materiales de nuestra existencia, como sostiene el marxismo *dogmático* y los distintos *dualismos* falsamente materialistas. No existe un mundo *material* y un mundo *cultural,* salvo a efectos de análisis *fenomenológico*, sino una realidad humana en la que lo *material* se vive y experimenta *culturalmente*. De ahí la fuerza manipuladora, *subyugante,* de la *cultura*. Como dice Spinoza, si la piedra que vuela en el aire por un impulso tuviera *conciencia*, pensaría que vuela por su propia voluntad.[192] Por eso, *subyugación ideológica* actúa como una especie *hipnotismo cultural* que condiciona nuestros actos de forma que la libertad de acción queda mediatizada por el interés del sistema socioeconómico capitalista. ¡Si las piedras hablaran!

Ahora bien, la *cultura* es un acerbo construido a lo largo de la historia, con aspectos o componentes que permanecen pese a que cambien las condiciones socioeconómicas, y otros más *dinámicos* que se *ajustan* a las necesidades de *supervivencia* del sistema. Esas partes conforman la *ideología*, que es la parte de la *cultura* que no explica *científica* y *racionalmente* el mundo. Ni *quiere* explicarlo, si tal cosa pone en cuestión la *ideología dominante*. En ese sentido, la *cultura* es el conjunto de *conocimientos* y de *creencias* creados a lo largo de la historia que se expresan *ideológicamente* en la forma o formas socialmente necesarias para que el sistema socioeconómico funcione. Es parte esencial de su *sistema inmunitario*, imprescindible en toda sociedad divida en clases, con intereses confrontados. Por eso, la *ideología dominante* es siempre una *justificación* del sistema socioeconómico. Para ello se vale de todos los aspectos útiles de la *cultura* en la que se inscribe. Necesita *neutralizar* los *restos* de *ideologías* del pasado y *combatir* las que representan el *futuro*.

Pero no es que el sistema económico *cree* la *ideología* como un *subproducto* de las condiciones materiales, sino que el sistema económico es *cultural* (al fin y al cabo está formado por seres humanos, por *homo sapiens*) con sus distintas *ideologías*, una de las cuales, la *dominante*, que obviamente es la de la *clase* dominante, impone su *interpretación* de la *realidad* a toda la sociedad, condicionando así el *comportamiento* de sus miembros. En el capitalismo, la *ideología dominante* (liberal) considera que las inevitables contradicciones y conflictos sociales son propios de la *naturaleza humana*, desajustes temporales y fricciones marginales, que el *mercado* termina resolviendo de la mejor forma posible, en el mejor de los mundos posibles. Por ejemplo, para que un *asalariado* acepte su *condición subordinada*, aunque trate de mejorarla, la *ideología* neoliberal dominante utiliza distintos mecanismos *justificati-*

vos, algunos tomados del *acerbo cultural,* como *así lo quiere Dios, es el destino o tu karma,* etc., aunque el argumento *neoliberal* descarga la culpa en el propio *individuo* liberando al sistema de responsabilidad: *la culpa es tuya por no haberte esforzado... ahí están los triunfadores procedentes de las capas humildes... el sueño americano es el mejor ejemplo de dónde se puede llegar en una sociedad libre y competitiva.* La dosis de *coerción* que acompaña a toda *ideología* es menor en el último caso al no estar expuesta a interpretaciones *teológicas:* Dios también puede querer que mate a los patronos y demás explotadores *impíos.* Los *reformistas* añaden el *matiz* de que no es toda la culpa tuya, sino del mal *funcionamiento* del sistema que impide una más justa distribución de la riqueza. Finalmente, y como ultimo recurso en situaciones de crisis y grave malestar social, tanto unos como otros proclaman que, en todo caso, *no hay alternativa.* Actualmente la *resilencia* (resilience en inglés) del capitalismo estriba no tanto en su capacidad de reformarse -la *destrucción creativa* de Schumpeter- como en la aceptación por una mayoría de trabajadores de que no hay *alternativa* mejor. Y que todos los intentos *anticapitalistas* han terminado en desastre, provocando más pobreza que la existente junto a la pérdida de libertad. A continuación viene la retahíla de fracasos: Unión Soviética y *satélites,* Corea del Norte, Cuba, Venezuela. Sorpresivamente, suelen olvidarse de China y Vietnam. No nos engañemos, la *dominación ideológica* del *neoliberalismo* incluye como *plato fuerte* el *fracaso* del sistema soviético, y ahora también el de los *populismos de izquierdas,* como Venezuela. El miedo a lo *nuevo* o, más grave, a que termine convirtiéndose en lo *viejo,* actúa como una especie de *autocensura* entre amplias capas de trabajadores, y se convierte en una de los aspectos más eficaces de la *subyugación ideológica* del capitalismo, incluso entre los que reconocen sus injusticias y deficiencias.

Todo esto no debe hacernos olvidar que el *dominio ideológico* del *neoliberalismo* descansa sobre éxitos tangibles e indudables: durante los últimos cincuenta años ha propiciado la mayor oleada de desarrollo económico y comercial jamás vista en el mundo; ha propiciado el desarrollo de la *Revolución Digital,* y favorecido la aplicación exponencial de las tecnologías de la *información,* cada vez más importantes y necesarias para la actividad económica y administrativa, a la vez que un nuevo y poderoso instrumento de *socialización* y participación *ciudadana* en los asuntos *públicos*. El dominio *financiero* ha supuesto unos niveles de *globalización* sin precedentes, al tiempo que la *economía* desplaza, o condiciona seriamente, la *política* en las decisiones fundamentales de la vida de los pueblos. A su vez, ha llevado la *desigualdad* hasta niveles parecidos a los de cien años atrás; ha propiciado la aparición de un nuevo tipo de *desplazados* económicos, creando amplias zonas de *marginalidad* social; y ha desencadenado una dinámica *productiva* que pone en peligro la *supervivencia* del planeta. La *subyugación ideológica* del *neoliberalismo* resulta cada vez más difícil de sustentar en los tradicionales argumentos. Surgen propuestas *moralizantes* de cómo salir de la gran crisis *sistémica* mundial iniciada en 2008, desde el *socialcristianismo* del papa Francisco hasta las denuncias del *capitalismo de amiguetes,* o los que proponen una *evolución natural* hacia un difuso *postcapitalismo* y la salvadora *economía del bien común* que ya estaría entre nosotros.

Lo cierto es que nos encontramos ante una *coyuntura* histórica de las que ponen a prueba la *permanencia* del sistema socioeconómico, mostrando sus limitaciones y debilidades a la hora de resolver los problemas por él generados. Y no solo en el terreno económico. Para que el capitalismo financiero sobreviva y el *neoliberalismo* pueda seguir ejerciendo su *dominio ideológico,* necesita *debilitar* y *restringir* la democracia a fin de que el *Estado Social y democrático de Derecho* no se convierta en un *instrumento* de *transformación* en manos de las *clases trabajadoras*; necesita *revertir* las conquistas sociales para que el *miedo* a caer en la pobreza y la exclusión social paralice las movilizaciones; necesita anular *políticamente* a la izquierda *trasformadora* para que no alcance la *hegemonía* debido su capacidad *pedagógica* y *movilizadora*. De lo contrario, ni siquiera el *reformismo* socialdemócrata será capaz de *neutralizar* el *potencial* de lucha generado por una crisis *cronificada*. El riesgo es muy grande, y el recurso extremo al *populismo,* tanto de *izquierdas* como de *derechas*, un arma de doble filo, difícil de controlar una vez conquistado el poder, como demuestra la experiencia histórica. En situaciones como esta, el aspecto principal de la lucha *ideológica* es demostrar, con hechos y propuestas, que si hay *alternativa,* y que esa *alternativa* es el *socialismo*. Tarea que *define* y *configura* el *agente* político para la *transformación* social.

Agente político y opinión pública. Diagnosticada la situación y diseñada la tarea fundamental, el *agente político* se plantea promover entre los trabajadores una perspectiva de *transformación* del sistema socioeconómico que contenga soluciones *concretas* de las reivindicaciones de los *movimientos sociales*. En el *Estado democrático de Derecho*, a diferencia de los procesos *insurrecciónales* de asalto al poder, el *agente político* actúa a la vez como un partido de *masas* y de *vanguardia*. Lo hace *directamente* en el seno de los *movimientos sociales* como su instancia *estable*, frente a la tendencia *natural* a *disolverse* tras la lucha, al tiempo que aspira a lograr *electoralmente* su *representación política* en los espacios *institucionales* del Estado. Debe ser *dirigente* fuera del Estado y *representante* dentro. Por eso, no puede desarrollar una labor simplemente *electoral,* aunque compita electoralmente con el resto de los partidos. Su fuerza es *bipolar*: externa e interna. Y para cumplir su *función* debe existir una *capilaridad* con los movimientos sociales, para comunicarse, coordinarse, cooperar y tomar decisiones, pero no para *disolverse* en ellos. El mayor enemigo de la lucha *ideológica* es el *electoralismo,* cuya más clara expresión consiste en *construir* el programa electoral a partir de *encuestas*, ajustándolo a los estados de opinión. Al hacerlo, el *agente político* renuncia a su papel, que no es otro que el de dotar a los *movimientos sociales* de una dimensión *alternativa* al sistema socioeconómico. El *oportunismo electoralista* renuncia, por poco *rentable*, a *cambiar* la opinión pública. Aunque *gane* en votos *pierde* la batalla *ideológica,* y con ello aleja la posibilidad de que el sujeto social se plantee la *transformación* del sistema socioeconómico capitalista como salida a la crisis.

El *agente político* y la *democracia deliberativa, participativa y directa.* El uso, abuso y manipulación del referéndum, y la falta de un debate genuino, se está convirtiendo en uno de los principales argumentos contra la *democracia deliberativa, participativa y directa*, obviando que esta es mucho más que una simple votación sobre una cuestión planteada a la ciudadanía para que decida sobre temas cuyas implicaciones se le escapan. El pueblo es *soberano*... si acierta. Mejor no preguntarle. Sin duda, la *democracia deliberativa, participativa y directa* entraña riesgos, como la *parlamentaria* (Hitler llegó al poder aupado por lo votos), pero mucho menores que la paternalista *protección* de los nuevos *aristócratas*. Y pueden limitarse mediante la *primacía* constitucional de los *Derechos Humanos* internacionalmente reconocidos.

Los referéndums *emocionales*, como el *Brexit* o los independentistas, aunque son una manifestación de *democracia directa* (a la suiza), no representan su verdadera naturaleza: un espacio común *deliberativo, participativo* y *decisorio*, como lo fue en la Atenas de Pericles. Su proliferación, que tanto alarma a los *bien pensantes*, escandalizados cuando el resultado no se ajusta a sus deseos, es también la manifestación de un imparable deseo de *participación* ciudadana en la vida pública. Conscientes de ello, sus detractores tratan de relegar la *democracia deliberativa, participativa y directa* a pequeñas *unidades* de barrio, empresa, asociación de vecinos, estudiantes y profesionales, etc. donde todos se conocen, los problemas están directamente vinculados a su experiencia, y las decisiones a tomar son simples y fáciles de comprender. Ir más lejos, hasta abarcar el Estado, es un atentado contra ¡la democracia!. Y no dudan en recurrir a los clásicos, como Platón y Aristóteles, para quien el buen gobierno tiene un límite en el tamaño de la población. Olvidan que estos pensadores tenían en mente las *polis* griegas y no el Estado moderno de la *sociedad de la información*. Finalmente, cuando la argumentación decae por *falaz,* se recurre al argumento *irrebatible*: en ocasiones hay que tomar decisiones que a nadie la gustaría tomar, y hay que gobernar contra la *opinión pública*, ese *amorfo* animal sin criterio que carece de *sentido* de Estado. Por ejemplo,

¿quien aprobaría en referéndum una subida de impuestos? Pues depende de en qué contexto programático y para qué. Lo demuestran los referéndums afirmativos para abandonar la energía nuclear en Austria, el no a la privatización de los servicios públicos en Leipzig, la abolición de la pena de muerte en Suiza, o su rechazo a la *trampa* de la golosa Renta Básica Universal, tal como estaba planteada. El ideal demócrata *neoliberal* y *social-liberal* es el gobierno *para el pueblo* pero *sin el pueblo*. Una concepción cercana al *despotismo ilustrado* con ropaje democrático.

Sin embargo, no basta con señalar los aciertos *progresistas* en los referéndums. Reconozcámoslo, no resulta un argumento demasiado *sólido*, porque también los hay, o los puede haber, *reaccionarios*, como los intentos de reinstaurar la pena de muerte en Turquía, o el rechazo insolidario a las cuotas de emigrantes en Hungría. En una sociedad muy conservadora y religiosa serían, sin duda, mayores. El verdadero argumento a favor de la *democracia deliberativa, participativa y directa* que, insisto, es mucho más que la convocatoria de referéndums, descansa en el ejercicio permanente de la *soberanía* por parte de los ciudadanos, en su *autodeterminación* personal mediante el ejercicio colectivo y solidario de su inalienable *soberanía*. Significa abandonar la actitud de *espectador*, por utilizar la expresión de Gerard Häfner, cofundador de la ONG *Mehr Demokratie* (Más Democracia).

Desde este punto de vista, el papel del *agente político* para la *transformación* del sistema socioeconómico capitalista consiste en *impulsar, consolidar y proteger* mediante la acción parlamentaria y legislativa, todas las manifestaciones de *democracia deliberativa, participativa y directa*, principalmente las *formas estales alternativas*, que es su materialización institucional. Para lo cual, el *agente político* debe ser, a su vez, una forma *políticamente* organizada de *democracia deliberativa, participativa y directa*. Lo que, en la práctica, significa abandonar la tradicional e instrumental concepción *piramidal, jerarquizada*, basada en el *liderazgo*, y optar por una organización *horizontal*, por una *red estratégica* de acción política, que sea ya una expresión del futuro democrático de la sociedad socialista. Se trata de un proceso *inédito* que responde a las exigencias de los *movimientos sociales*, y a la tarea *política* de lucha contra la *subyugación ideológica*.

Algunas bases teórico-organizativas del *agente político*

Termino con una somera exposición de lo que, en mi opinión, y tras todo lo dicho hasta ahora, son algunas de las *ideas-fuerza* sobre las que se debería articular una propuesta organizativa y política del *agente político para* la *transformación* socialista. Consciente de que nos encontramos ante una situación histórica *insólita* y ante unas tareas políticas *novedosas*, donde todo está por hacer, todo por ensayar. Sirva a modo de disculpa si no resultan convincentes.

1. El *agente político* no es un simple *agregado* de individuos, una orquesta dirigida por un *líder*. Es más que un conjunto de *instrumentos* (cuadros) organizados en torno a un programa político. Es una realidad *emergente* de la *lucha de clases*, que se define por su *defensa* de los intereses de los trabajadores. Es un *colectivo* que se basa en el *marxismo crítico* y utiliza el *método científico* en sus análisis de la realidad. Es una *organización* estable que *propone* soluciones a los problemas generados por el capitalismo desarrollado, y que *actúa* en el seno de los *movimientos sociales* como su parte *consciente;* todo ello con el objetivo estratégico de la *transformación* socialista del sistema socioeconómico. Y lo hace mediante el combate *político-ideológico* contra los mecanismos de *subyugación ideológica* y las *limitaciones* democráticas del sistema institucional, en su lucha por la *hegemonía* en el seno de las clases trabajadoras, y con éstas en el conjunto de la sociedad. Tarea posible porque se ha liberado de los aspectos más *significativos* de la *ideología dominante.*

2. El *agente político* representa la *dimensión política* organizada del *sujeto social.* En cuanto tal, es el *agente de concienciación* que *neutraliza* primero, *disuelve* después, y *sustituye* finalmente por el conocimiento racional y científico de la realidad, la *dominación ideológica* que *protege* el sistema capitalista de sus contradicciones internas. Por eso, se nutre de *todos* los componentes de la sociedad que defiendan su *transformación* socialista.

3. El *agente político* es la parte *organizada políticamente* del *sujeto social* capaz de realizar la *transformación socialista.* Refleja y expresa sus *formas* políticas y organizativas más avanzadas, fruto de la *lucha de clases.* En ese sentido, conjuga la *horizontalidad* propia de la lucha reivindicativa de los *movimientos sociales,* incluida la fuerza determinante del *movimiento obrero,* con la *verticalidad* de toda organización *política* basada en la *selección democrática* de sus dirigentes. No actúa en el seno de los *movimientos sociales* como un *agente exterior,* sino que forma parte indisoluble del propio *movimiento social,* al tiempo que representa su garantía de *permanencia* frente a la tendencia natural a *disolverse.*

4. El *agente político* se rige por los principios de la democracia *deliberativa, participativa* y *directa*. En ese sentido es una organización *horizontal* de sujetos *soberanos* unidos por el objetivo de *transformar* la sociedad y *construir* el socialismo. Su actividad *político-pedagógica,* y la necesaria *especialización* genera una división *jerárquica*, basada en la *selección* -y revocación en su caso- de sus *mejores* componentes con mayor capacidad para proponer las directrices generales y los fundamentos políticos del programa para la *transformación* socialista. Se trataría, para utilizar el término de Platón, del *gobierno de los sabios,* sometido permanentemente a control democrático. Así entendida, la *verticalidad* de la dirección es la garantía de *eficacia* y *eficiencia* imprescindibles para que *sobreviva* una organización de carácter *horizontal*. Debe tener, por tanto, *garantizada estatutariamente* tanto la capacidad *ejecutiva* de dirección como la plena capacidad de *selección* y *control* de sus miembros, mediante los mecanismos propios de la democracia *deliberativa, participativa* y *directa* que propone para la nueva sociedad socialista.

5. El *agente político*, en el actual marco *político-institucional* del *Estado Social y democrático de Derecho*, se configura fundamentalmente como una organización orientada a la conquista de la *hegemonía* política, tanto electoral como institucional, que permita avanzar en el objetivo estratégico de la *transformación* socialista, así como en la defensa y ampliación de los *espacios de socialización* ya conquistados, como el *Estado del Bienestar* y las manifestaciones de economía *colaborativa*, del *bien común, etc.*.

6. El *agente político* no se propone tan solo convertirse en un *instrumento* para la satisfacción de las demandas particulares y generales del *sujeto social,* sino en el *impulsor* de las formas *alternativas de poder* necesarias para la *transformación* socialista. Por eso, no se trata de convertirse en el *receptáculo* de todos los *indignados,* como propone el *populismo de izquierdas.*

7. El *agente político* no puede circunscribirse *exclusivamente,* ni siquiera de forma *prioritaria,* a la acción *institucional* en las Cortes, parlamentos autonómicos, y alcaldías. No basta, aunque sea imprescindible, ganar *posiciones* en las estructuras de poder y gobierno del *Estado Social y democrático de Derecho,* sino que debe participar activamente en la formación, consolidación y defensa jurídica de las *formas estatales externas* surgidas en las luchas de los trabajadores, como órganos de poder *de clase,* expresión *embrionaria* de la *Democracia Ampliada* que deberá caracterizar a la nueva sociedad socialista. En ese sentido, es la expresión más desarrollada de *democracia.* Por eso, debe incluir en sus estatutos el derecho de todo miembro a estar completa y permanentemente informado de los análisis, propuestas y diferencias de opinión en las instancias directivas; el derecho a formar *tendencias* por afinidad ante las distintas *opciones políticas* de cómo afrontar los problemas de la *lucha de clases* y la *transformación* de la sociedad; el derecho a presentar *puntos de vista diferentes,* incluso *contrarios* a los propuestos por la dirección, y defenderlos libremente ante los militantes; el derecho a *proponer candidatos* a los órganos de dirección y a *revocarlos* si fuera preciso; el derecho a *revisar* periódicamente las decisiones mayoritarias a la luz de las experiencias de lucha; el derecho de las *minorías* a ser tenidas en cuenta por la mayoría, sin menoscabo de la imprescindible unidad de acción política.

En cualquier caso, no se trata de partir de *cero*, ni de crear una nueva formación al margen de las ya existentes en la izquierda *radical* y *trasformadora*, sino de sentar las bases para que la alternativa al capitalismo, cada vez más urgente, posible y necesaria, pueda expresarse con nitidez, y desde presupuestos *unitarios*, frente al conservadurismo *neoliberal* y el reformismo, viejo y nuevo, *socialdemócrata*. Superando de una vez por todas tanto la resignación *derrotista* como la falsa e inoperante seguridad del marxismo *dogmático*, sentenciado por la historia.

NOTAS

[1] www.nuevaribuna.es/opinion/carlostuya/abstencion-tiene-precio/20160225173016125796.html; ver también: http://confluencia.network.network/sin-categoria/pajaro-la-mano-las-lecciones-una-desilusion/

[2] El 15 de noviembre de 1959, concluía en Bad Godesberg, distrito residencial de Bonn, el primer congreso extraordinario, y noveno ordinario, de la socialdemocracia alemana (SPD), desde el final de la guerra. En su programa se abandonaba oficialmente (en la práctica mucho antes) la ideología marxista, como ideario político, y se trasformaba la estructura de partido obrero para convertirse en organización política de *amplia base*.

[3] Me refiero a los las tesis de los libros de Paul Mason, Postcapitalismo, Paidós Ibérica, 2016; Erik Olin Wright, Construyendo utopías reales, Akal, 2014 ; y Christian Felber, La economía del bien común, Deusto, 2012.

[4] Arthur Schopenhauer. El mundo como voluntad y representación. Akal, 2005.

[5] Cicerón. De fato, XII 28.

[6] En Latinoamérica, al menos, han conseguido notables mejoras sociales y creado ciertos espacios de socialización que deben ser defendidos frente al discurso neoliberal, desgraciadamente de nuevo en alza en esos países. Ver: Ernesto Laclau. La razón populista. Fondo de Cultura Económica, 2005; y mi réplica La sinrazón populista. Amazon, 2015.

[7] *¿Por dónde empezar?* (Iskra, nº 4, mayo de 1901) es el antecedente del trabajo de Lenin ¿Qué hacer? En este artículo, el revolucionario ruso señala los tres problemas fundamentales que deberían abordarse para evitar la deriva *economicista* del la socialdemocracia: *el carácter y el contenido principal de nuestra agitación política, nuestras tareas de organización y el plan de crear, simultá-*

neamente y en distintas partes, una organización combativa de toda Rusia.

[8] http//:confluencia.network.

[9] *Quam multa fieri non posse, priusquam sint facta, judicantur.* Plinio el Viejo. Historia natural. Cátedra, 2007.

[10] Nikolái Kondrátiev (1892-1938) economista ruso, creador del Instituto de Investigación de la Coyuntura de Moscú, tras la revolución de Octubre. Propuso su concepto de ondas largas para referirse a los ciclos de 50 años del capitalismo, fluctuaciones cíclicas de forma sinusoidal, producidas por la necesidad de grandes inversiones que requieren bienes de capital que pueden ser usados por largo tiempo. Cayó en desgracia en 1928, al considerar Stalin que sus teorías contradecían la idea de un colapso inminente del capitalismo. Eso, y su oposición a las colectivizaciones forzadas, le condujeron a Siberia. En 1938, cumplida una primera condena, fue de nuevo juzgado, condenado a muerte, y fusilado. Puede verse: Nikolái Kondrátiev. Los grandes ciclos de la vida económica. Ensayos sobre el Ciclo Económico: 35-56. Fondo de Cultura Económica, 1956.

[11] Expresión latina, tomada de Horacio, que significa *desde el huevo,* en referencia al nacimiento de Helena de un huevo de Leda. Con ella se quiere indicar que se empieza a argumentar desde el origen.

[12] www.amazon.es/LibrosCarlos/s?ie=UTF8&page=1&rh=n%3A599364031%2Cp_27%3ACarlos%2oTuya

[13] Un estudio del biólogo Dennis Bramble, de la University of Utah, y del antropólogo Daniel Lieberman, de la Harvard University, publicado en la revista Nature de noviembre de 2004 bajo el título *Endurance running and the evolution,* sugiere que los humanos evolucionaron hace 2 millones de años a partir de los ancestros llamados Australopitecos, más parecidos a simios, porque la selección natural favorecía la supervivencia de aquellos que podían correr. Con el tiempo, favoreció también las características anatómicas humanas que hacían posibles los desplazamientos de largas distancias. Ver también: Lie-

berman, Raichlen, Pontzer, et al. The human gluteus maximus and its role in running. J Exp Biol 2006.

[14] En lo que se considera la definición de Materialismo Histórico, Marx señala en Trabajo asalariado y capital: *En la producción, los hombres no actúan solamente sobre la naturaleza, sino que actúan también los unos sobre los otros. No pueden producir sin asociarse de un cierto modo, para actuar en común y establecer un intercambio de actividades. Para producir, los hombres contraen determinados vínculos y relaciones, y a través de estos vínculos y relaciones sociales, y sólo a través de ellos, es como se relacionan con la naturaleza y como se efectúa la producción.*

[15] Ludwig Feurbach. La esencia del cristianismo. Trotta, 2013.

[16] Marx escribió, en 1845, el texto de las tesis sobre Feuerbach, pero no fueron publicadas hasta 1888, como parte del libro de Engels sobre Feuerbach.

[17] La frase, referida a los marxistas franceses, es: *tout ce que je sais, c'est que je ne suis pas marxiste*. La cita F. Engels en su carta a Konrad Schmidt del 5 de agosto de 1890.

[18] Carta de Marx al director del periódico ruso *Otyecestvenniye Zapisky* (El Memorial de la Patria), escrita a finales de noviembre de 1877. C. Marx, F. Engels. El Capital visto por su autor. Grijalbo, 1970

[19] Como el nefasto darwinismo social, el sociobiologismo, el etologismo reduccionista, etc.

[20] Ilya Prigogine, Premio Nóbel de Física, uno de los redactores del informe Informe Gulbenkian, coordinado por Immanuel Wallerstein (1996), señala el carácter *abierto* y no *predeterminado* de la historia, en línea con el pensamiento de Marx. Es un útil recordarlo ante los *dogmáticos* (y fanáticos) de distinto signo: los que desde una postura *supuestamente marxista*, pero *antidialéctica* creen en la *inexorabilidad* de la revolución y el advenimiento del socialismo; y lo que, con parecido fervor, celebran *el fin de la historia* y el triunfo *definitivo* de los mercados y la democracia liberal.

No hay lugar en su teoría para "fatalidades históricas" o "necesidades ineluctables" portadoras del socialismo con independencia de la voluntad y la eficacia de las iniciativas de los hombres y mujeres que constituyen una sociedad.

[21] La teoría marxista hoy: problemas y perspectivas. Atilio A. Boron, Javier Amadeo y Sabrina González. CLACSO, 2006.http://bibliotecavirutal.clacso.org.ar/ar/libros/cam pus/marxis/marxis.pdf

[22] El término *marxismo occidental* fue introducido en la literatura política por Maurice Merleau-Ponty (Las aventuras de la dialéctica) Según Merleau-Ponty, el concepto derivaba de la obra de Lukács (Historia y consciencia de clase) y de los escritos de Karl Korsch, la Escuela de Frankfurt, y Antonio Gramsci, extendiéndose a la mayoría de los filósofos marxistas no soviéticos. Se inspira principalmente en el rechazo de lo que se consideraban influencias *positivistas* en el marxismo, y en particular el concepto de la dialéctica de la naturaleza. Se trata de un marxismo despegado de la praxis, y centrado en los aspectos del lenguaje, problemas de cognición, y la especulación filosófica, obviando el compromiso con la *praxis*, consustancial con el pensamiento *revolucionario* de Marx. En ese sentido puede decirse que es el reflejo del fracaso de las revoluciones socialista en occidente, un marxismo de la *derrota*.

[23] Korsch, Marxismo y filosofía; Sartre, Cuestiones de método y Crítica de la razón dialéctica; Adorno, Dialéctica negativa; Althusser, Para leer El Capital, Ideología y aparatos ideológicos de Estado, y La revolución teórica de Marx; Marcuse, Razón y revolución; Della Volpe, La lógica como ciencia positiva; Lukács, Historia y conciencia de clase y El asalto a la razón; Colleti, Hegel y el marxismo; Gramsci, Los cuadernos de la cárcel; Lukács, Teoría del romance y Estética; Benjamin, La obra de arte en la época de su reproductibilidad técnica.

[24] Ver: Toni Negri - Michael Hardt. Imperio. Paidos Iberica, 2002; y, Multitud: Guerra y Democracia en la era del imperio. Debate, 2004.

25 Resultan encomiables (y provechosos, en muchos aspectos) los trabajos de Althusser encaminados a fundamentar el carácter científico del marxismo.

26 Para Althusser en la *sobredeterminación*, no actúa solamente el elemento económico, sino que hay también un papel correspondiente a otros elementos, como el ideológico, político. La *ideología* está estructurada y determinada, basada, en última instancia, en los requisitos de la economía, aunque tiene relativa autonomía.

27 Althusser desarrolla estos conceptos a lo largo de numerosas obras, principalmente en *Ideología y aparatos ideológicos del Estado* cuya redacción inicial data de 1969. Hay un trabajo interesante de la filósofa mexicana Mariflor Aguilar Rivero, en el Capitulo V de Teoría de la ideología. UNAM, 1984

28 Muy resumidos, los conceptos teóricos centrales de Althusser son:
- Las ideas, representaciones no tienen una existencia espiritual. Tienen una existencia material y ésta aparece en aparatos, prácticas, acciones que el individuo cree que libremente fluyen de sus ideas. Las acciones del individuo se insertan en prácticas, y esas prácticas están gobernadas por rituales en los que están inscritas y con la existencia material de un aparato ideológico. Importa descubrir cómo detrás de lo material hay ideología.
- La ideología permite que los individuos se representen una relación con las condiciones reales de existencia. De alguna forma, la ideología en general entraña una interpelación a los individuos como sujetos. Hablar de ideología es hablar de sujetos y viceversa. Los sujetos solo son tales dentro de una ideología.

29 Más ambicioso es Gustavo Bueno, que propone una *trialidad*, con sus tres géneros de materialidad (M1, objetos físicos; M2, objetos de la experiencia interna; M3, objetos ideales) y la *symploké* (urdimbre) entre los componentes de la realidad, opuesta al monismo. (Ensayos materialistas. Taurus, 1972) Otros, como Kistler, defienden el funcionalismo, especie de dualismo entre las propiedades mentales y las físicas.

30 El concepto de *sobredeterminación*, pronto marginado de los debates marxistas por su carácter de recurso *artificioso* que *suplementa* a la teoría marxista para resolver el problema de la complejidad social, parece haber recobrado cierta vitalidad gracias al pensamiento político *posfundacional* (Badiu, Laclau, Nancy, Lefort, etc.) Considero incensario tenerlo en consideración para los objetivos del presente trabajo. Los interesados pueden ver: Oliver Marchart. El pensamiento político posfundacional. Fondo de Cultura Económica, 2007.

31 E.P. Thompson. Agenda para una historia radical. Crítica, 2000, pp. 40 y 41.)

32 G. A. Cohen. La Teoría de la Historia de Karl Marx. Una defensa. Siglo XXI, 1986. Para una exposición resumida del marxismo analítico ver: Antoni Domènech. ¿Qué fue del marxismo analítico? (En la muerte de Gerald Cohen) Descargar en: http://old.sinpermiso.info/articulos/ficheros/Cohen.pdf

33 Robert Nozick (Nueva York, 1938 - 2002) Profesor de Filosofía en la Universidad de Harvard, creador de la teoría de la *intitulación* (Entitlement Theory) sobre la propiedad privada. Ver: Nozick, Robert. Anarquía, Estado y utopía. INNISFREE, 2014; y Robert Zozick. Justicia y orden socioeconómico: Teoría del título posesorio. Estudios Públicos 26, 1987.http://www.cepchile.cl/cep/site/artic/20160303/asocf ile/20160303183135/rev26_nozick.pdf.

34 http://confluencia.network.network/marxismo/antica pitalismo-sxxi/

35 Christian Felber. La economía del bien común. Deusto, 2012.

36 Paul Mason. Op. cit. Ver también entrevista de Carlos Fresneda, publicada por el diario El Mundo (29/1/2016) www.elmundo.es/cronica/2016/01/29/56a36cbbe2704e7 52d8b45e7.html

37 Dentro de la *cultura* hay distintas *modulaciones ideológicas* que, llevadas al extremo o a sus últimas consecuencias lógicas, pueden generar nuevas ideologías *alternativas*. Por ejemplo, el *hegelismo de izquierdas* fue una corriente filosófica, una *modulación* por tanto, de la ideo-

logía filosófica dominante en la época. Marx la *invirtió*, sentando las bases de una nueva ideología, obviamente *minoritaria* (subalterna) en pugna dentro de la *cultura* con la *ideología dominante*.

38 Además de organismos unicelulares, como las bacterias, arqueo-bacterias y algunos hongos, existen algunos organismos pluricelulares potencialmente inmortales como la medusa *Turritopsis nutricula*, un hidrozoo de forma acampanada y medio centímetro de longitud que no muere después de llegar a su estado adulto dada su capacidad para metamorfosearse y volver a pasar de su forma adulta, al estado juvenil de pólipo para repetir su ciclo vital infinitamente... si no es devorada. Los investigadores han descubierto que el gen Foxo está implicado en el proceso de regulación de su inmortalidad.

39 El Premio Nobel de Economía de 2015, Angus Deaton, ha realizado trabajos sobre ingresos económicos y bienestar, y al psicólogo Daniel Kahneman le otorgaron en 2002 el Nobel de Economía por sus estudios sobre la toma de decisiones económicas. La psicología económica intenta determinar sesgos conductuales de las operaciones de la vida económica. Pero no son los primeros: Keynes, tras el octubre negro de 1929, introduce factores psicoeconómicos, Ernest Dichter estudia las motivaciones del consumidor, George Katona lo trata en su Psicología de la economía, Robert H. Frank en Microeconomía y conducta, para el Premio Nobel de 1995, Robert Lucas, premio Nobel en 1995. el factor *psicoeconómico* fundamental es la preferencia temporal. Puede verse también: Psicología económica y del comportamiento del consumidor, coordinado por Joel Feliu i Samuel-Lajeunesse. Editorial UOC, 2004; y el libro de Matteo Motterlini. Economía Emocional. Paidós Ibérica, 2008.

40 http://juantorreslopez.com/impertinencias/asaltar-el-cielopara-tener-limpio-el-cementerio/

41 Para una aproximación al tema puede verse: Armand Mattelart. *Historia de la Sociedad de la Información*. Paidos, 2002; Guiomar Salvat y Vicente Serrano. La revolución digital y la sociedad de la información (Zamora/Sevilla, Comunicación social, 2011) Melyuhin. Socie-

dad de la Información: fuentes, los problemas y las tendencias. University Press, 1999. Y, naturalmente, Manuel Castells, La era de la información. Economía, sociedad y cultura, en La sociedad red, vol. I, Siglo XXI, 2000.

[42] La más conocida formulación de Marx se encuentra en el Prólogo a la Contribución a la Crítica de la Economía Política (1859): ...*en la producción social de su vida los hombres establecen determinadas relaciones necesarias e independientes de su voluntad, relaciones de producción que corresponden a una fase determinada de desarrollo de sus fuerzas productivas materiales. El conjunto de estas relaciones de producción forma la estructura económica de la sociedad, la base real sobre la que se levanta la superestructura jurídica y política y a la que corresponden determinadas formas de conciencia social. El modo de producción de la vida material condiciona el proceso de la vida social política y espiritual en general. No es la conciencia del hombre la que determina su ser sino, por el contrario, el ser social es lo que determina su conciencia. Al llegar a una fase determinada de desarrollo las fuerzas productivas materiales de la sociedad entran en contradicción con las relaciones de producción existentes o, lo que no es más que la expresión jurídica de esto, con las relaciones de propiedad dentro de las cuales se han desenvuelto hasta allí. De formas de desarrollo de las fuerzas productivas, estas relaciones se convierten en trabas suyas, y se abre así una época de revolución social. Al cambiar la base económica se transforma, más o menos rápidamente, toda la inmensa superestructura erigida sobre ella.*

[43] Karl Marx y Federico Engels. Obras Escogidas. Tomo III. Editorial Progreso, 1964.

[44] Ver: Perspectivas en las teorías de sistema. Santiago Ramírez (coordinador) Siglo XXI, 1999.

[45] Georg Lukács. Historia y conciencia de clase. Grijalbo, 1969.

[46] Karel Kosik. Dialéctica de lo Concreto, prólogo por Adolfo Sánchez Vázquez. Grijalbo, 1967.

47 El *Materialismo histórico* se encuentra formulado a lo largo de distintas obras de Marx. La primea vez que lo menciona es en La Sagrada Familia (1845) Posteriormente realiza una exposición más amplia en Miseria de la filosofía (1847) y en El Manifiesto Comunista (1848). Pero la formulación más precisa, aunque concisa, aparece en el prólogo de la obra Contribución a la crítica de la economía política (1859). Con distintos enfoques, lo abordaron posteriormente distintos autores, a parte de los clásicos de Engels, Antidüring y Dialéctica de la naturaleza, o el Materialismo militante, de Plejanov, puede leerse: Antonio Labriola. Filosofía y Socialismo, Alianza Editorial, 1969; Aleksandr G. Spirkin. Materialismo dialéctico y Lógica dialéctica, Grijalbo, 1969; Henri Lefebvre. El materialismo dialéctico. Editorial la Pléyade, 1974; Emilio Sereni. La categoría de *formación económica y social*. Roca, 1973; Eric J. Hobsbawm. Cómo cambiar el mundo. Marx y el marxismo. (1840-2011) Crítica, 2011.

48 Karl R. Popper. La miseria del historicismo. Alianza Editorial, 2002; y La sociedad abierta y sus enemigos. Grupo Planeta, 2010.

49 Gottfried W. Leibniz. Ensayo de Teodicea sobre de la bondad de Dios, la libertad del hombre y el origen del mal. Ediciones Sígueme, 2013.

50 Los interesados pueden consultar, entre entras, las siguientes obras y autores: Karl Popper. La sociedad abierta y sus enemigos. Grupo Planeta, 2010; Nicos Poulantzas. Las clases sociales en el capitalismo actual. Siglo XXI, 1981; Max Weber. División del poder en la comunidad: clases, estamentos, partidos. Fondo de Cultura Económica, 1964, Parte 2, cap. VIII.; Juan Ferrando Badía. Casta, estamento y clase social. Revista de Estudios Políticos 1941-2004, Centro de Estudios Políticos y Constitucionales de España, 2005; Erik Olin Wright. Clase, crisis y estado. Siglo XXI, 1998.

51 Término acuñado por R. Edward Freeman (*Strategic Management: A Stakeholder Approach*, Pitman Press, Boston, 1984) para referirse a todas aquellas personas o entidades que pueden afectar o son afectados por las actividades de una empresa, desde los propios accionistas

hasta la comunidad local, la sociedad en general y el mundo entero, pasando por directivos, empleados y trabajadores, proveedores, clientes, grupos de intereses, sindicatos, competidores y otros muchos partícipes. Está en la base de las propuestas de Responsabilidad Social Empresarial (RSC)

52 El propio Marx reconoce en su carta a Weydemeyer del 5 de marzo de 1852: *En lo que a mí respecta, no ostento el título de descubridor de la existencia de las clases en la sociedad moderna, y tampoco siquiera de la lucha entre ellas. Mucho antes que yo, los historiadores burgueses habían descrito el desarrollo histórico de, esta lucha de clases, y los economistas burgueses la anatomía económica de las clases.* Lamentablemente, Marx interrumpe el manuscrito del tercer volumen de El Capital cuando se dispone a responder a la pregunta ontológica de *¿qué constituye una clase?.* Parece indicar que la clase no aparece ligada *rígidamente* al origen del ingreso o la posición en la división del trabajo. Ya he tratado el tema de las clases en Democracia Ampliada. Amazon, 2015.

53 Max Weber divide la sociedad en dos clases sociales bien definidas, según los ingresos económicos que obtenga en función de su ubicación laboral; o de acuerdo al status en relación con otros actores sociales. De ahí que las clases sociales sean categorías mediante las cuales clasifiquemos a los demás y nos clasifiquemos a nosotros mismos. Esta visión subjetiva elimina la peligrosidad de los antagonismos de clase en función de como se relacionan con los medios de producción. La sociología liberal encuentra las diferencias de clase fundamentalmente en los niveles de ingresos y la capacidad de consumo. De ahí que la clásica división entre clase alta, media y baja y sus subdivisiones, tienda a diluirse, y los miembros más prósperos de una clase se diluyan con los de la clase superior, mientras que los más pobres lo hagan con los del grupo inferior, y aparezcan nuevas categorías como marginalidad, exclusión social, parados crónicos, jóvenes ni-ni (ni estudian ni trabajan) o nuevos pobres.

54 La frase de Thatcher apareció en una entrevista en Woman's Own en 1987. Esto es lo que dijo: *Hemos atra-*

vesado un periodo donde a demasiados niños y a demasiada gente se les ha hecho pensar de esta forma: '¡tengo un problema, la labor del Estado es resolverlo!'. O '¡tengo un problema, conseguiré un subsidio para resolverlo!'. O '¡No tengo vivienda, el Estado debe dármela!'. Al hacer eso trasladan sus problemas a la sociedad, y ¿quién es la sociedad? No existe tal cosa. Lo que existe son hombres y mujeres individuales, existen las familias. No hay Estado que pueda hacer nada sino es a través de las personas, y las personas se preocupan primero de sí mismas. Posteriormente, Thatcher puntualizó en sus memorias que lo que quiso decir era que *la sociedad no es una abstracción... sino una estructura viva de individuos, familias, vecinos y asociaciones voluntarias.* Evidentemente, los sistemas complejos *emergentes* no era su fuerte

55 Del griego *autos-poiein* (auto-producir) Concepto desarrollado originalmente por el filosofo y neurobiólogo Humberto Maturana y el también biólogo Francisco Varela, ambos chilenos, que describe el carácter *autorreferencial* de los sistemas, capaz de reproducirse y mantenerse por sí mismo, como ocurre con el metabolismo de las células.

56 Ver: Niklas Luhmann. Introducción a la teoría de sistemas. Universidad Iberoamericana, 1996; y Sociedad y sistema: la ambición de la teoría. Grupo Planeta, 2016.

57 El debate tiene muchas facetas: la distinción entre comunidad y sociedad de Tönnies, entre comunicación y socialización de Weber, entre individualismo y democracia de Tocqueville, entre lección individual y organización en Durkheim, individuo y masa de Gustavo Le Bon, la crítica marxista del individualismo de la escuela de Frankfurt, la sociedad de los individuos de Norbert Elias, el concepto de *habitus* de Bourdieu, la co-construcción del actor y sistema de Philippe Corcuff, etc.

58 Carlos Tuya. *La sinrazón populista*. Amazon, 2015.

59 Carlos Tuya. Op. cit.

60 La neurología de la interacción social y psiquiatría social son campos de las ciencias *conductivistas* que abordan científicamente estos temas.

[61] Entre los teóricos más notables del análisis de clase contemporáneo se encuentran Goldthorpe, Erik Olin Wright, Erikson y Ralf Dahrendorf.

[62] Esta composición se trata estadísticamente de distintas maneras. El Ministerio de Empleo, por ejemplo, asigna los siguientes epígrafes a los empleados:

Comercio	3.080.762
Industria manufacturera	1.896.089
Salud	1.461.114
Hostelería	1.357.143
Administrativos	1.265.576
Construcción	1.029.801
Administración Pública	1.010.829
Profesionales y técnicos	913.399
Educación	881.575
Transporte	809.684
Empleados Agrarios	806.991
Otros servicios	505.745
Información	459.788
Especial empleados Hogar	430.109
Otros servicios	505.745
Finanzas	383.273
Agricultura	320.631
Actividades Artísticas	276.942
Inmobiliario	118.328
Agua	132.845
Industrias extractivas	19.919
Organizaciones extraterritoriales	3.241
Hogares como empleadores	45.600
Carbón	3.626
Energía	37.788
Mar	57.599
TOTAL	17.308.397

Según la EPA (encuesta de la Población Activa) los 20.356.000 ocupados del año 2007 se reparten entre los servicios (66,2%), la industria (16,0%), la construcción (13,3%) y la agricultura (4,5%).

[63] Para más información ver: Álvarez, K., Gallego, P., Gándara, F. Y Rivas, O. Nosotros, los indignados. Destino, 2011; Antón, A. Resistencias frente a la crisis. De la huelga

general del 29-S al movimiento 15-M. Germanía, 2011; Taibo, C., Vivas, E. Y Atentas, J. M. La rebelión de los indignados. Movimiento 15-M. Democracia real, ya. Popular, 2011.

[64] Lenin ve en la fábrica el instrumento *disciplinador* de la clase obrera: *Esa fábrica, que para algunos parece ser nada más que un espantajo, es la forma superior de la cooperación capitalista, que agrupó y disciplinó al proletariado, le enseñó la organización, lo puso a la cabeza de todas las otras categorías de la población laboriosa y explotada. El marxismo, ideología del proletariado educado por el capitalismo, ha enseñado y enseña a los intelectuales inconstantes la diferencia entre el aspecto explotador de la fábrica (disciplina basada en el temor de morir de hambre) y su aspecto organizativo (disciplina basada en el trabajo en común, resultante de una técnica altamente desarrollada). La disciplina y la organización, que al intelectual burgués le cuesta tanto llegar a adquirir, son asimiladas muy fácilmente por el proletariado, gracias justamente a esa "escuela" de la fábrica.* V. I. Lenin, Un paso hacia adelante, dos pasos hacia atrás. Ediciones Progreso, 1961. Lenin utiliza con habilidad el argumento, pero obvia que una cosa es la necesidad de una organización disciplinada para que funcione una fabrica, lo que inculca a los obreros disciplina colectiva, útil también en el combate al tiempo que un lugar donde ejercerlo, y otra la organización del partido (*agente político*) cuya tarea básica es la lucha contra la *dominación ideológica* de a burguesía sobre la clase obrera, lo que exige formas organizativas diferentes, y donde la discusión, el debate, las investigaciones científicas, la formulación de alternativas, etc., debe ser producto de la fusión de teoría política marxista y praxis de los trabajadores en su lucha por mejorar sus condiciones socioeconómicas. Esa falta de distinción, denunciada por Rosa Luxemburgo, está en la base de la posterior burocratización del partido bolchevique y del marxismo *dogmático*, convertido finalmente en una cuestión de *disciplina*. Claro que para Lenin el objetivo fundamental del partido era la *insurrección armada*, ya que no concebía otra forma de revolución socialista y de desenlace de la lucha obrera contra el capital.

[65] El crac de 2008 eliminó un 13% de la producción global y un 20% del comercio internacional. Colocó el crecimiento mundial en cifras negativas (conforme a una escala según la cual todo lo que esté por debajo de aumentos del 3% anual es considerado una recesión). En Occidente, dio origen a una fase de contracción más prolongada que la del periodo 1929-1933, e incluso ahora, en el entorno de tímida recuperación que estamos viviendo, muchos economistas convencionales viven con terror la posibilidad de un estancamiento a largo plazo. Paul Mason. Postcapitalismo. Paidós Ibérica, 2016.

[66] Paul Mason. Op. cit.

[67] Articulo de Atilio A. Boron en La teoría marxista hoy. Problemas y perspectivas. Consejo Latinoamericano de Ciencias Sociales, 2006.

[68] Max Horkheimer. Teoría tradicional y teoría crítica. Paidos Ibérica, 2000.

[69] Por mucho que alaben la *aldea global* las multinacionales como IBM, Nike, Microsoft, Apple, Shell, Wal-Mart, McDonald's, Starbucks, Monsanto, etcétera, las versiones eufóricas de la globalización no han tardado en desvanecerse, y las grietas y las fisuras ocultas tras su brillante fachada han quedado al descubierto... lejos de nivelar el juego global con empleos y tecnología para todo el mundo, están carcomiendo los países más pobres y atrasados del mundo para acumular beneficios inimaginables. Es la aldea donde vive Bill Gates y amasa una fortuna de 55.000 millones de dólares mientras la tercera parte de sus empleados están clasificados como temporales, y donde la competencia queda incorporada al monolito de Microsoft o se hunde en la obsolescencia por obra de la última hazaña de creación de software. IBM sostiene que su tecnología está presente en todo el mundo, y es verdad; pero con frecuencia esa presencia significa que los obreros mal pagados del Tercer Mundo fabrican los microcircuitos de ordenador y las baterías que mueven nuestros aparatos. En las afueras de Manila, por ejemplo, conocí una muchacha de diecisiete años que ensambla unidades de CD-ROM de IBM. Le dije cuánto me sorprendía que alguien tan joven pudiera realizar ese trabajo de alta tecnología. *Nosotros*

hacemos los ordenadores», me dijo, *pero no sabemos manejarlos.* Noami Klein. No logo. El poder de las marcas. Planeta, 2011.

70 Citado por Maximilien Rubel en Marx sin mito (edición de Margaret Manale y Joaquim Sirera) Octaedro, 2003.

71 El *sociobiologismo* parte del presupuesto, aparentemente científico, de la determinación genética del comportamiento humano, lo que justificaría la imposibilidad de transformar el capitalismo en socialismo, debido a la naturaleza *egoísta* humana. Solo cabe la *reforma* y presión *moral* para evitar o paliar los efectos perversos del sistema. Esta postura la he criticado en Estado, Cultura y Socialismo. Amazon, 2015.

72 Paul Mason. Op. cit.

73 Las *abstracciones taquigráficas* (shorthand abstractions) son conceptos científicos que han pasado a formar parte del lenguaje corriente sin perder rigor.

74 Idiopático es un adjetivo usado primariamente en medicina, que significa de irrupción espontánea o de causa desconocida.

75 El historiador anarco-marxista francés Daniel Guèrin hace una documentada reflexión sobre el controvertido tema en su libro Rosa Luxemburgo, o la espontaneidad revolucionaria (Prometeo, 2003) donde, empezando por la propia definición de *espontáneo* pasa revista crítica a las posiciones, conceptos y conclusiones prácticas de un término al parecer de sencilla interpretación pero que ha terminado por resultar ser más *polisémico* de lo esperado. Señala, por ejemplo, que para Marx y Engels los comunistas *no tienen intereses separados de los del proletariado en su conjunto. Los comunistas no establecen principios particulares sobre los cuales quisieran modelar al movimiento proletario [...] Representan constantemente el interés del movimiento total.* ¿Cuáles son las razones de esa pretendida identidad? Que sus concepciones teóricas *"no se basan para nada en ideas, en principios inventados o descubiertos por tal o cual reformador del mundo. Sólo son la expresión general [...] de un movimiento histórico que se realiza frente a nosotros.* Y, en efecto, ésta es la na-

turaleza del *agente político* y su vinculación con los *movimientos sociales*, mientras que el partido actúa desde *fuera* del movimiento para poder representarlo. Pide el voto y con el la *delegación* de soberanía. No puede ser de otra manera. Por eso es una falacia decir, como hacen los dirigentes de Podemos, que la *calle* entra con ellos en el parlamento, al mas puro estilo *populista*. La *calle* delega en sus *representantes* en la democracia *liberal*, cierto, pero para *transformar* la sociedad -que es de lo que se trata- al mismo tiempo tiene que ejercer su *soberanía* en la *calle*, mediante las *formas estatales externas* de democracia *deliberativa, participativa y directa*

[76] La *pedagogía* política no consiste en *sermonear* a los trabajadores por equivocarse reiteradamente a la hora de votar. Hacer pedagogía consiste en fusionar la teoría política de la transformación social, y la táctica mas adecuada en cada momento para conseguirlo, con la práctica de la lucha de los trabajadores por·mejorar su situación socioeconómica, en tanto que corresponsables de la acción política y sus resultados. Esa fusión es la que permite alcanzar una verdadera hegemonía, y no la consecución, al precio que sea, de votos y diputados (ya los tuvo el PSOE, y las grandes conquistas del *Estado Social y democrático de Derecho* están siendo cuestionadas por la actual crisis y recesión prolongada del capitalismo financiero global) También se hace *pedagogía* luchando por lo improbable hoy para conseguir lo imposible mañana.

[77] En su libro Miseria de la Filosofía, al analizar la situación de Gran Bretaña en los años 1840.

[78] La palabra viene de *alienus* (algo ajeno o extraño), que en la filosofía idealista alemana viene a significar *alejamiento del hombre respecto de sí mismo*. El concepto marxista de *alienación* ha sido causa de numerosos y enconados debates filosóficos en el llamado *marxismo occidental*. Basta recordar los análisis de Gramsci sobre la hegemonía; las preocupaciones de la Escuela de Frankfurt sobre los desdoblamientos de la razón instrumental; Marcuse y su análisis de la sexualidad; las obras de Althusser sobre la ideología; y el tratamiento de Sartre sobre la esca-

sez. Un rasgo común en todos estos análisis era el pesimismo de las conclusiones.

79 En los Cuadernos de cárcel, Gramsci señala que: *por intelectuales es preciso entender no sólo aquellas capas comúnmente designadas con esta denominación, sino en general toda la masa social que ejerce funciones organizativas en sentido lato, tanto en el campo de la producción como en el de la cultura y en el político-administrativo.* Para Gramsci, los intelectuales están *orgánicamente* ligados a las *clases sociales*, pero conservan cierta *autonomía* que les permita llevar a cabo sus funciones de organizador, de educador, y de *homogeneizador* de la conciencia de clase en los campos económico, social y político.

80 Antonio Gramsci. Cuadernos de la cárcel. Edición critica del Instituto Gramsci a cargo de Valenlino Gerratana. Seis tomos. Biblioteca Era, 1975. Una visión resumida, pero bastante completa, es la que ofrece la Antología de Gramsci elaborada por Manuel Sacristán (Akal, 2013)

81 En este sentido son importantes los trabajos de Manuel Castell, y su obra La sociedad red.

82 El cooperativismo actual forma parte de lo que yo llamo *áreas de socialización* en el seno del sistema capitalista; actúa de acuerdo a sus leyes productivas (o perece) pero fuera de las relaciones de propiedad privada. Sobre cooperativismo, un movimiento que nace en el siglo XIX, muchas veces impulsado por las iglesias cristianas (la muy católica en España) ya se ha dicho casi todo, y existe abundante bibliografía al respecto. Fue en tema de enconado debate en tiempos de Marx, que primero vio en el cooperativismo una manifestación de socialismo *utópico*, pero que terminó aceptándolo como una de las fuerzas *transformadoras* de la sociedad actual, una conquista obrera en el camino de su liberación. Marx lo define como la economía política del trabajo sobre la economía política de la propiedad. Así, en el Manifiesto inaugural de la Asociación Internacional de los Trabajadores, redactado por él, proclama: (...) *Al mismo tiempo, la experiencia del período comprendido entre 1848 y 1864 ha probado hasta la evidencia que, por excelente que sea en principio, por*

útil que se muestre en la práctica, el trabajo cooperativo, limitado estrechamente a los esfuerzos accidentales y particulares de los obreros, no podrá detener jamás el crecimiento en progresión geométrica del monopolio, ni emancipar a las masas, ni aliviar siquiera un poco la carga de sus miserias. ... Para emancipar a las masas trabajadoras, la cooperación debe alcanzar un desarrollo nacional y, por consecuencia, ser fomentada por medios nacionales. (...) La conquista del poder político ha venido a ser, por lo tanto, el gran deber de la clase obrera. Karl Marx. Manifiesto inaugural de la Asociación Internacional de Trabajadores (1864), en Karl Marx y Friedrich Engels, Obras escogidas, volumen II. Existen muchas más referencias de Marx al cooperativismo: *Hablamos del movimiento cooperativo y, especialmente, de las fábricas cooperativas creadas por los esfuerzos espontáneos de unos pocos trabajadores intrépidos. El valor de estas grandes experiencias sociales no puede ser subestimado. No es con argumentos, sino con hechos, cómo los trabajadores han demostrado que la producción en gran escala, de acuerdo con las exigencias de la ciencia moderna, es posible sin la existencia de la clase patronal empleando a trabajadores; que los medios de trabajo, para dar su fruto, no necesitaban ser monopolizados ni ser convertidos en medios de dominación y de explotación contra el trabajador; y que el trabajo asalariado, como el de los esclavos y el de los siervos, no es más que una forma transitoria e inferior que está destinada a desaparecer ante el trabajo asociado... Si la producción cooperativa ha de ser algo más que una impostura y un engaño; si ha de sustituir al sistema capitalista; si las sociedades cooperativas unidas han de regular la producción nacional con arreglo a un plan común, tomándola bajo su control y poniendo fin a la constante anarquía y a las convulsiones periódicas, consecuencias inevitables de la producción capitalista, ¿qué será eso entonces, caballeros, más que comunismo, comunismo "realizable"?* Ver: José L. Monzón Campos. Las cooperativas de trabajo asociado en la literatura económica y en los hechos. Ministerio de Trabajo y Seguridad Social, 1989.

[83] Monedas sociales con participación de usuarias, que pueden ser locales como en Madrid (*canica* y *boniato*) o criptomonedas globales (*faircoin, bitcom*) El *faircoin* ha sido creado por Enric Duran con la ayuda de Thomas König, un experimentado desarrollador informático. Su objetivo es formar un ecosistema global cooperativo capaz de competir con el capitalismo. La divisa se basa en valores de cooperación, solidaridad e igualdad y deja a un lado el individualismo que, según el activista, define a Bitcoin. El robo de *bitcoins* por valor de 59 millones de euros de la plataforma Bitfinex evidencia los riesgos de este tipo opaco de moneda y su vulnerabilidad. Es el pago a los potenciales usos fraudulentos de una tecnología que aporta anonimato a las transacciones. En el caso de Bitfinex, la macabra paradoja de esta privacidad supone que, al no poder identificar a quién corresponden los *bitcoins* robados, cada uno de sus usuarios sufrió una pérdida del 36% de sus depósitos. Hay y habrá otras *criptomonedas* como un medio de pago —y contable— alternativo a los medios oficiales del sistema monetario y bancario y libre de sus ataduras. Por contra, las tecnologías de registro distribuido DLT, (*distributed ledger technologies*) permitirán grandes avances al compartir información en tiempo real y sin limitación geográfica para apuntes contables y transacciones legales, financieros o médicos, entre otros muchos. Su seguridad se alcanzará con la encriptación cuántica, todavía en sus inciso. Para la economía participativa, ver: Michael Albert. Parecon. Vida después del capitalismo. Akal, 2005.

[84] Joseph Stiglitz. El precio de la desigualdad, Taurus, 2012.

[85] *Las ideas de la clase dominante son las ideas dominantes de cada época; o dicho de otro modo, la clase que ejerce el poder material dominante en la sociedad es, al mismo tiempo, su poder espiritual dominante. La clase que tiene a su disposición los medios para la producción material, dispone con ello, al mismo tiempo, de los medios para la producción espiritual, lo que hace que se le sometan, al propio tiempo, por término medio, las ideas de quienes carecen de los medios necesarios para produ-*

cir espiritualmente. Las ideas dominantes no son otra cosa que la expresión ideal de las relaciones materiales dominantes, las mismas relaciones materiales dominantes concebidas como ideas; por tanto, las relaciones que hacen de una determinada clase la clase dominante son también las que confieren el papel dominante a sus ideas. Marx y Engels: La Ideología Alemana. Akal, 2014

[86] Para un estudio histórico ver: Thomas Munck. Historia social de la Ilustración. Editorial Crítica, 2001; y Ernst Cassirer. La Filosofía de la Ilustración. Fondo de Cultura Económica de España, 1993.

[87] Los *cambios de fases* son transiciones entre sólidas líquidas y gaseosas, que no suponen convertirse en otras sustancias, solo cambia su estado físico. Pueden producirse por agentes externos o internos.

[88] Una de los más acalorados debates en el seno de la socialdemocracia giró en torno a la *espontaneidad,* particularmente intenso entre Rosa Luxemburgo y Lenin. El *luxemburguismo* (y su análisis de la *espontaneidad* del movimiento obrero y contra el centralismo de Lenin) resulto ser a la postre uno de los mas necios e inmorales debates de la III Internacional, donde se dio de todo, desde manipulaciones hasta descalificaciones, pasando por momentáneas rehabilitaciones. El *antiluxemburgismo* fue un artículo de fe para la escolástica estalinista. Es un ejemplo más de los estragos intelectuales, políticos y humanos del marxismo *dogmático*, donde el *Papa* de turno dicta, con su infalibilidad de Secretario General, la interpretación correcta del dogma. Ver: Paul Frölich. Rosa Luxemburg. Vida y obra. Ediciones IPS, 2013.

[89] Lenin. Cuadernos filosóficos. Ayuso, 1974;.

[90] Ver: Lenin como lector de Hegel. Hipótesis para una lectura de los Cuadernos de Lenin sobre La ciencia de la lógica, de Stathis Kouvelakis, en Lenin reactivado. Akal, 2010.

[91] Ver: Lucien Laurat. La economía soviética: su dinámica, su mecanismo. Aguilar, 1931.

[92] Ver: Crítica al Programa de Gotha de Marx, y la Carta Circular de Marx y Engels.

93 Kautsky publicó un artículo titulado *Akademiker und Proletarier* (académicos y proletarios) en *Neue Zeit* (año 19, vol. 2, abril 17 de 1901) donde hace hincapié en la misma idea.

94 El programa fue elaborado por Karl Kautsky, el principal teórico de la Segunda Internacional. Programa de Erfurt sirvió de referencia básica para todos los partidos y movimientos afiliados a la Segunda Internacional. En el se analiza la sociedad contemporánea y su desarrollo, e incluye una explicación resumida y simplificada de la teoría del desarrollo capitalista esbozada por Marx en el Manifiesto Comunista.

95 *Neue Zeit*, 1901-1902, XX, I, N° 3, p. 79

96 Karl Marx, en su tercera Tesis sobre Feuerbach, escribe: *La teoría materialista de que los hombres son producto de las circunstancias y de la educación, y de que, por tanto, los hombres modificados son producto de circunstancias distintas y de una educación distinta, olvida que las circunstancias se hacen cambiar precisamente por los hombres y que el propio educador necesita ser educado.* Mao Zedong llevó la parte final de esta tesis hasta la locura criminal de la Revolución Cultural, en un intento de recuperar el poder dentro de l Partido Comunista Chino. El resultado: la imparable irrupción del capitalismo en el país, impulsado por la teoría de los *gatos* (blanco o negro, lo que importa es que cacen ratones) de Deng Xiaoping.

97 Ver: Eric Hobsbawn. Las Revoluciones Burguesas. Guadamarra,1979.

98 Es un modelo parecido, con las diferencias lógicas de las distintas realidades sociales, económicas y culturales, al que se intentó en algunos países del Tercer Mundo que tuvieron en la URSS un aliado estratégico de primera magnitud.

99 *¿Se podía esperar, del presente enfrentamiento, una victoria decisiva del proletariado revolucionario, se podía dar por sentado la caída de los Ebert-Scheidemann y la instauración de la dictadura socialista? Ciertamente no, si no se tiene en cuenta todos los elementos que de-*

terminan la respuesta. Basta con poner el dedo en la lla-ga sobre la situación actual de la revolución; la falta de madurez política de la masa de soldados que continúan tolerando los abusos de sus oficiales y son utilizados con fines contrarrevolucionarios, sólo esto prueba que la po-sibilidad de una victoria duradera de la revolución no era posible. Rosa Luxemburgo. Artículo publicado en el periódico espartaquista *Rate Fahne*, el 14 de enero de 1919.

[100] Por eso, tras la ruptura de China con la Unión Soviéti-ca, a la que se acusó de *revisionista* por desenmascarar el estalinismo, alumbró el llamado marxismo-leninismo-pensamiento Mao Zedong. El izquierdismo es siempre la primera fase de un proceso de derrota de las conquistas sociales y triunfo de la reacción.

[101] Ver: Göran Therborn. La desigualdad mata. Alianza, 2015; y, Joseph Stiglitz. El precio de la desigualdad, Tau-rus, 2012.

[102] Nada que ver con la teoría del *reformismo revolucio-nario* que centra su estrategia de poder en la democratiza-ción *radical*, y cuyas esperanzas se han visto prontamente frustradas. Esta es una cuestión que merece un estudio en profundidad.

[103] Erik Olin Wrigh. Op. cit.

[104] Para Mason, *las tecnologías informacionales (o de la información) son diferentes de cualquier otra tecnología previa... evidencia una tendencia espontánea a disolver mercados, destruir derechos de propiedad y desintegrar la relación entre trabajo y salarios. Y ese es el trasfondo fundamental de la crisis que estamos soportando.* Mason. Op. cit.

[105] La *autogestión* ha sido un fracaso en la Yugoslavia de Tito por muchas razones que no viene al caso, pero sigue siendo la forma *socialista* de *democratizar* la economía, eliminando (en un proceso histórico y no a golpe de decre-to) la propiedad privada de los medios de producción que pasa a ser de titularidad pública y *universal*, por utilizar el término fetiche. Es decir, no habrá dueño, ni siquiera el Estado, que pasaría a *coordinar* y *dirigir* los aspectos de

macroeconomía, de acuerdo con las directrices democráticas de la ciudadanía en una *Democracia Ampliada*. Para un estudio de la experiencia yugoslava se puede consultar: Jovan Djordjevich. Yugoslavia. Democracia Socialista. Fondo de Cultura Económica, 1966; Albert Meister. Socialismo y Autogestión. La experiencia Yugoslava. Editorial Nova Terra, 1965; Ernest Mandel. Control obrero, consejos obreros, autogestión. Era, 1974; Ichak Adizes. Autogestión: la práctica yugoslava. El efecto de la descentralización sobre los sistemas de organización. Fondo de Cultura Económica, 1977; Catherine Samary. La autogestión yugoslava. Por una apropiación plural de los balances, contra un entierro programado, Viento Sur, mayo de 2010 (www.vientosur.info/spip.php?article1048); Todor Kuljic. Autogestión de trabajadores en Yugoslavia (www.republicart.net/disc/aeas/kuljic01_es.pdfM); Michael A. Lebowitz. Lecciones de la autogestión yugoslava (www.nodo50.org/cubasigloXXI/taller/lebowitz_31050 5.pdf); Alexander Kodric. Propiedad social y autogestión: el caso de Yugoslavia. Facultad de Ciencias Económicas. UBA.(www.econ.uba.ar/cesot/docs/documento%2056.p df).

[106] Aparecido en *Avanti*, edición milanesa, el 24 de noviembre de 1917, y reproducido en el *Il Grido del Popolo*, el 5 de enero de 1918.

[107] Margaret Thatcher: *TINA, there is no alternative*.

[108] Este asunto esta en la base de los debates sobre la libertad, la igualdad, la naturaleza humana, o lo natural y lo social. Es interesante profundizar en la visión naturalista y positiva en la que sitúa Rousseau al hombre en sus Discursos, frente a la visión de Hobbes y Spinoza, del estado natural como de la guerra del hombre contra el hombre. Pese a sus diferencias, el pensamiento político de Rousseau y Spinoza coinciden en que es posible y conveniente establecer un sistema político que haga posible la convivencia pacífica de libertad e igualdad. Podemos considerarlos, por tanto, como los padres de la democracia liberal, cuya construcción en base al análisis empírico, abordaría posteriormente Tocqueville en su obra La Democracia en América (Alianza Editorial, 2002). Tan solo

me gustaría resaltar algunas ideas que entroncan con todo lo dicho hasta ahora. Para Spinoza, la constitución del Estado nace *por la esperanza de un bien mayor o por el temor de un mal mayor* frente al estado *natural* y *preracional* del hombre. De modo que al abandonar la vida *natural*, tiene más que ganar que perder. Y señala que *en el Estado democrático, en efecto, todos los que nacieron de padres ciudadanos o en el suelo patrio, o los que son beneméritos del Estado o que deben tener derecho de ciudadanía por causas legalmente previstas, todos éstos, repito, con justicia reclaman el derecho a votar en el Consejo Supremo y a ocupar cargos en el Estado.* Por tanto, *el fin del Estado es la libertad, y todo gobierno que pretenda dominar los espíritus es violento.* De ahí que Spinoza rechace categóricamente los sistemas políticos dictatoriales. Por su parte, Rousseau considera que la sociedad civil y la política, y no la *naturaleza*, son los causantes de que el hombre viva rodeado de injusticias y desigualdades, y provoque las guerras. Los primitivos humanos no conocían la esclavitud, todos eran libres, ni existía la ley del más fuerte, mientras que en la *civilizada* sociedad *no vemos casi en torno nuestro más que gente que se lamenta de su existencia.* Y denuncia la propiedad como causa de numeroso males: (...) *competencia y rivalidad por una parte, oposición de intereses por la otra, y siempre el oculto deseo de lucrarse a expensas del prójimo, todos estos males son el primer efecto de la propiedad y la compañía inseparable de la desigualdad incipiente.* En cuanto al Estado, lo ve como un pernicioso artificio establecido por una minoría que engaña a la mayoría para afianzar su poder, eliminando la libertad mientras aumentan las desigualdades y la sociedad se divide entre ricos y pobres, amos y esclavos. Claro que todo adornado con bellas palabras y buenas intenciones, que se olvidan pronto. Se crea así un estamento político al servicio del gobernante. Pero lo que aquí interesa es que, lucidamente, Rousseau señala la dificultad de *percibir* esa situación de tiranía, desigualdad y explotación por la masa esclavizada: (...) *comprendo que no son esclavos los llamados a razonar sobre la libertad,* al tiempo que destaca la importancia de la *educación* (hoy diríamos lucha contra la *ideología dominante*) Rousseau afirma contundentemente que los hombres están obligados a ser libres, y buscar la forma de establecer un gobierno justo que sitúe a la ley por encima de los hombres y que preserve la dignidad y la libertad. Escribe a Voltaire que es preciso redactar un *catecismo del ciudadano*, que debería plasmarse en un *Contrato Social*. Profundiza y desarrolla así las líneas maestras del pensamiento de Spinoza. Ver: Baruch Spinoza. Tratado Teológico-Político. RBA, 2002, y Tratado Político. Alianza, 1986; así como J.J. Rousseau. Escritos de combate. Alfaguara, 1979, y El Contrato Social. Istmo, 2004.

[109] La Revolución Inglesa del siglo XVII expresa claramente el paulatino cuestionamiento de una visión de una sociedad estructurada según jerarquías socio-políticas y privilegios. El objetivo del parlamento es lograr la igualdad frente a la ley, pero no la de una ciudadanía moderna.

[110] La constitución ateniense se basaba en el principio de *isonomía*, de igualdad ante la ley, de derechos y deberes, sinónimo de democracia. Y uno de sus características fundamentales de orden *funcional* era el principio de *isegoría*, libertad de palabra de todos los ciudadanos e igualdad de tomar la palabra en la asamblea. Todo orientado al concepto de la *koinonía*, comunidad, que debía estar orientada a conseguir el acuerdo común. De ahí la distinción en la democracia ateniense entre lo *individual* o propio en la vida del ciudadano, *(idion)* y lo *común (koinon)*, por cierto, *idiota* viene de *idion*, condición que se supera con la virtud ciudadana, la *politike areté*, que, como señala W. Jaeger, el ciudadano se pone en relación de cooperación e inteligencia con los demás en el espacio vital de la polis. Ver: Hanna Arendt. La Condición Humana. Paidós, 1996; y Werner Jaeger. Paidea. El Estado jurídico y su ideal ciudadano. Fondo de Cultura Económica, 1992.

[111] Ver: J. S. Mill, Consideraciones sobre el gobierno representativo. Alianza, 2016.

[112] Ver, entre otros: H. Kohachiro Takahashi. Del feudalismo al capitalismo. Problemas de la transición. Crítica, 1986.

[113] Ver: Karl Marx, Friedrich Engels, Vladimir Illich Lenin. La Comuna de París. Akal, 1985. En realidad supuso la primera forma moderna de Democracia Directa (antes ya había funcionado en la Atenas clásica, pero solo para los atenienses) Los cargos públicos eran sometidos a elección popular y se regirían por el principio de revocatoria de mandato.

[114] Puede verse la ponencia Economía china: pasado, presente y futuro, de Alberto Javier Lebrón Veiga, corresponsal de Business Televisión en China y Asia-Pacífico. Descargar en: www.asiared.com/es/downloads2/m2-alberto-lebron.pdf.

[115] *Uno de nuestros mayores errores al principio, y muchas veces a lo largo de la Revolución, fue creer que alguien sabía cómo se construía el socialismo.* Discurso de Fidel Castro el 17 de noviembre de 2005 en la Universidad de La Habana, con motivo de la conmemoración del sexagésimo aniversario de su ingreso en ella.

[116] Marx, La guerra civil en Francia. La idea fue desarrollada en Crítica del programa de Gotha: *Entre los sistemas capitalista y comunista se encuentra el periodo de transformación revolucionaria de uno en otro. Esta fase corresponde a un periodo de transición, cuyo estado no puede ser otro que la dictadura revolucionaria del proletariado.*

[117] Ver La sinrazón populista.

[118] Ver nota 108.

[119] Existe mucha bibliografía al respecto, empezando por El Estado y la Revolución, de Lenin (Alianza Editorial, 2006) y el debate sobre la naturaleza del Estado que no cesa (ver bibliografía al final del libro) Por mi parte, lo he tratado en La función histórica del Estado y la Democracia (Akal, 1980), y en la ya citada Democracia Ampliada (Amazon, 2015)

[120] Es una forma de referirse a los efectos industriales de la *Revolución Digital*. Tiene numerosas denominaciones o conceptos como *Ciber-fábrica, Industria digital, Advanced Manufacturing, Futurprod, Integrated Industry, Intelligent Manufacturing System*, etc.

[121] El concepto *dictadura del proletariado* ha sido causa de enconadas polémicas y drásticas descalificaciones políticas a los que, de una u otra manera, lo asociaban con la situación en la Unión Soviética y sus epígonos. En realidad, Marx nunca precisó el concepto, con pequeñas referencias aisladas, lo que se presta a distintas interpretaciones. En cualquier caso, no puede disociarse de la realidad política de las luchas obreras de su tiempo, en particular la Comuna de París, que Marx analiza en La guerra civil en Francia. Tan es así que Engels llega a sostener al mismo tiempo dos formulaciones del mismo concepto de *gobierno de la clase obrera*, aparentemente contrapuestas. En una introducción de 1891 a La guerra civil en Francia, señala : *Observen a la Comuna, esa es la dictadura del proletariado*, para poco después afirmar en su Crítica al programa de Erfurt, que la *República democrática es la forma específica de la dictadura del proletariado*. A partir de una base teórica tan débil, las distintas interpretaciones de lo que significaba realmente la *dictadura del proletariado* terminaron por estallar ante la primera revolución proletaria de la historia que, para más *inri*, tiene lugar en un país atrasado y semifeudal, con una clase obrera minoritaria, y en el contexto de la Primera Guerra Mundial. Desde ese momento, la *dictadura del proletariado* se convierte en una poderosa *idea-fuerza*, necesaria para aglutinar y cohesionar el grupo bolchevique y los comunistas frente a sus adversarios. Lenin no es ajeno a este fenómeno de *alienación ideológica*, aunque con el eximente de que debe defender *teóricamente* el poder de los soviets de obreros y soldados (también campesinos, posteriormente) frente a las criticas de los socialdemócratas de la II Internacional, encabezada por Kautsky. Desde un punto de vista político-práctico ante la agresión armada de las potencias capitalistas al joven Estado soviético. La experiencia histórica *avala* que la interpretación mas adecuada es, en todo caso, la del Engels de Erfurt. Ahora diríamos que es el *Estado social y democrático de Derecho + las formas estatales externas* creadas en la lucha por el dominio político de la inmensa mayoría de la población, las clases trabajadoras, la forma de específica de Es-

tado *socialista*: la más amplia *democracia, libertad* e *igualdad* conocida por la humanidad.

[122] La hipótesis central del último libro de Holloway, Cambiar el mundo sin tomar el poder (Intervención Cultural, 2003) propone que la aparente imposibilidad de la revolución a comienzos del siglo XXI, reflejaría en realidad, el fracaso histórico de un concepto particular de revolución: aquel que la identificaría con el control del Estado.

[123] Engels en el Anti-Duhring menciona que *El gobierno de las personas da lugar a la administración de las cosas y a la dirección de las operaciones de producción*. Nótese que la *dirección* de la producción no significa la *administración burocrática del Estado*, cuya plasmación práctica ha sido el *capitalismo* de Estado soviético, *gerenciado* por el *partido único* que detenta *todo* el poder político. Si había fundadas dudas sobre la corrección de la interpretación marxista ortodoxa de éste principio, la realidad se ha encargado de disiparla... salvo en las mentes *religiosas* de los que abrazan el marxismo-leninismo como la *verdad revelada*.

[124] La frase completa dice: *Toda teoría es gris, querido amigo, y verde es el dorado árbol de la vida*. La pronuncia Mefistófeles en *Fausto*. Lenin la utiliza a menudo para combatir el dogmatismo *libresco*.

[125] La *Oposición de Izquierdas* (OPI) fue una corriente de opinión creada en 1972 en el seno del PCE, que preconizaba una salida democrática, anti oligárquica y anti monopolista al franquismo, articulada en torno a la unidad de todas la fuerza de izquierda. Terminó siendo expulsada, y parte de sus miembros fundaron el Partido Comunista de los Trabajadores (PCT). Su órgano de expresión se llamó *La Voz Comunista*.

[126] Un *Estado democrático* es aquel en el que los ciudadanos participan de modo más o menos directo en el gobierno de la nación. En un estado democrático, la soberanía corresponde al *pueblo* (demos) y éste la ejerce con arreglo a la ley, y por medio de sus representantes, desde las distintas instituciones políticas del Estado. En un *Es-*

tado de Derecho la actuación de todos sus integrantes está sometida incondicionalmente a la ley, y ni siquiera la mayoría parlamentaria puede promover una actuación institucional contraria a la ley, impidiendo así la *dictadura* de la mayoría. *Sufragio universal* e *imperio de la ley* caracterizan al *Estado democrático de Derecho*. El concepto *Estado social* implica además proteger y promover, por medio de la ley, la justicia social y el bienestar de todos sus ciudadanos. Las medidas que el *Estados social* acostumbra a poner en práctica para lograr este objetivo son principalmente: Sistema universal de salud pública, enseñanza pública gratuita, protección del desempleo, sistema de pensiones, ley de dependencia, renta básica, becas de estudios, etc.

[127] Carlos Tuya. Op. cit.

[128] Desde que en 1989 se pusieran en marcha las primeras iniciativas en la ciudad brasileña de Porto Alegre, la figura de los Presupuestos Participativos ha ido ganando presencia tanto en América Latina como en Europa. En España, las experiencias más significativas hasta ahora se han desarrollado en ciudades tan importantes como Sevilla, Córdoba, o Getafe.
Ver: Guía metodológica de los Presupuestos Participativos, de Francisco Francés García y Antonio Carrillo Cano. Alicante, 2008. (www.presupuestosparticipativos.com); Tarso Genro. El presupuesto participativo y la democracia, en Red de Difusión y Promoción de la Democracia, 1977(www.demopunk.net/sp/sp/direct/porto/porto1.htm l; Jorge Zabalza. La experiencia de Porto Alegre. 2003 (http://usuarios.lycos.es/alfagua/selección.htm); Mariucha Fontana y Julio Flores. Presupuesto participativo: en los límites del orden burgués.) Revista Marxismo Vivo, n° 3, 2001 (www.marxismalive.org/marxismovivo3esp.html) Blanco, Ismael y Marta Ballester. Participar para transformar. La experiencia de los Presupuestos Participativos en la provincia de Barcelona. Gestión y Análisis de Políticas Públicas 5. 2011; La transversalidad en las políticas locales. De la teoría a la Práctica. Kaleidos-Fundación. 2010; Julien Talpin, ¿Qué puede aportar la etnografía al

estudio de la democracia deliberativa?. Revista Internacional de Sociología 70. 2012.

[129] Jürgen Habermas. Teoría de la acción comunicativa. Taurus, 1987.

[130] *Oligarquía o demagogia*. El País, 25 de Julio de 2016. Ver también: Josep M. Colomer. El gobierno mundial de los expertos. Anagrama, 2015.

[131] Para un análisis sintético del *Estado del Bienestar* español, puede consultarse el artículo de Vicenç Navarro en http://www.rebelion.org/spain.htm. También: *La situación social en España*, editado en 2005 por Programa en Políticas Públicas y Sociales-Universidad Pompeu Fabra, Fundación Francisco Largo Caballero y Biblioteca Nueva, bajo la duración de Vicenç Navarro.

[132] El *Estado del Bienestar* exige una fuerte fiscalidad *progresiva,* no sólo para financiarse adecuadamente, sino para que contribuya a la redistribución de la riqueza. Contribuye también al mantenimiento de salarios altos.

[133] Esta idea está en la base del *milagro americano,* una *superstición* alimentada por los escasos ejemplos de triunfo económico y ascenso social. El término aparece por primera vez en 1931, en el libro La épica estadounidense, del historiador James Truslow Adams. Nadie más elocuente que el norteamericano para desenmascararlo. Ver vídeo: https://vimeo.com/35421221.

[134] Citadas en Derrame: Teoría y Realidad, de Juan Carlos de Pablo. CONTEXTO; suplemento a la entrega No. 1.289; 21 de abril de 2014.

[135] La idea de una renta básica universal tiene ya más de medio siglo. Nace tras la Segunda Guerra Mundial, aunque uno de los primeros en proponerla y teorizarla fue Philippe Van Parijs, que la asociaba a la *libertad real.* Otros que la tratan, aunque sea tangencialmente son Osmo Soininvaara, Jeremy Rifkin, Bruce Ackerman, Florent Marcellesi. El concepto ha sido motivo de numerosos trabajos específicos, aunque no siempre traten de su carácter universal: Philippe Van Parijs. Libertad real para todos. Paidós, 1996; David Casassas, y Daniel Raventós. La renta básica en la era de las grandes desigualdades. Montesinos,

2011; Gerardo Pisarello y Antonio de Cabo (Eds.) La renta básica como nuevo derecho ciudadano. Trotta, 2006; Daniel Raventós, (coord.) La Renta Básica. Por una ciudadanía más libre, más igualitaria y más fraterna. Ariel, 2001; R. Pinilla. La Renta Básica de ciudadanía. Icaria, 2004.

[136] Ver: ¿Está el Estado del Bienestar muerto? Crítica a Yanis Varoufakis. artículo de Vicenc Navarro, Catedrático de Ciencias Políticas y Políticas Públicas. Universidad Pompeu Fabra. En: http://blogs.publico.es/vicencnavarro/2016/08/08/esta-el-estado-del-bienestar-muerto-critica-a-yanis-varoufakis/

[137] Aunque existen algunas experiencias, ninguna es una RBU. En 1991, Brasil creó el *Programa de Garantía de Renta Mínima* para todos los residentes mayores de 25 años con ingresos mensuales inferiores a 45.000 cruceiros, que en 2001 se asoció con los programas de educación y de cuya administración se encargaron los municipios; en 2009, Argentina implementó la *Asignación Universal por Hijo* destinado a las personas desocupadas o que ganen menos del salario mínimo; en 1951, Canadá estableció Se acerca más, pensión universal a todas las personas al cumplir 65 años.

[138] Otra cosa es la llamada *Tasa Tobin*, un impuesto monetario de valor añadido (IMVA) que no solo permite dotar al Estado de recursos sino que actúa como un poderoso mecanismo *antiespeculación*. En cuanto al *Impuesto Negativo sobre la Renta* (INR) propuesto inicialmente por Milton Friedman con el objetivo de recortar el Estado de Bienestar, ha sido reexaminado por James Tobin para adaptarlo a la lucha contra la pobreza sin eliminar los incentivos al empleo.

[139] En la ciudad holandesa de Utrecht se realiza una experiencia piloto que busca simplificar las normas y los requisitos actuales en materia de bienestar. El experimento será monitorizado por la Universidad de Utrecht. La experiencia es seguida con interés por otras ciudades holandesas donde también se plantean la renta básica universal como una alternativas al actual sistema de subsidios sociales.

[140] El periodista Nathan Schneider explica un artículo en la revista *Vice* el apoyo de la *elite tecnológica* hacia estas ideas, citando a Marc Andreessen, Sam Altman, Peter Diamandis, y otros.

[141] Las *rentas mínimas de inserción* (PIRMI), pagadas por la mayoría de las Comunidades Autónomas, y que en la República Francesa otorga la administración central.

[142] En 2013, la Comisión Europea aprobó que se pudieran recoger firmas de una iniciativa de ciudadanos europeos en favor de la RBU. Si la iniciativa llega al millón de firmas y se aprueba, la comisión europea incentivará a los países europeos para explorar su aplicación. Nuestro país cuenta con una *Iniciativa Legislativa Popular* en favor de la Renta Básica, así como una Plataforma por la Renta Básica y una Coordinadora por la Renta Básica de las Iguales.

[143] En 1976, se instituyó en Alaska un fondo de inversión con parte de los beneficios obtenidos por la extracción de petróleo, un gigante financiero cuyos activos se valoraban en cerca 54.000 millones, y no deja de engordar. Tras compensar la inflación y pagar sus facturas, transfiere sus beneficios al Estado, que divide la renta entre el número de habitantes conforme a una fórmula preestablecida y la reparte entre los habitantes de Alaska. Así, en 2014 el fondo aportó a Alaska ingresos por valor de 6.800 millones de dólares, lo que permitió repartir un cheque de 1.884 dólares a cada residente. En 2008, cuando gobernaba la ultraliberal Sarah Pallin, la feroz enemiga de la *sanidad pública*, se añadió una inédita paga *extra* de 1.200 dólares. Vernon Smith, premio Nobel de economía, definió a Alaska que como *un modelo que los gobiernos de todo el mundo harían bien en imitar*... lástima que no todos cuenten con sus recursos petrolíferos y de gas. Pero que la realidad no estropee una buena demagogia.

[144] Cicerón. De Legibus. También John Locke utiliza este epigrama en su Segundo tratado sobre el gobierno civil. Alianza, 2004.

[145] Paul Mason. Op. cit

¹⁴⁶ Ver: Jeremy Rifkin. La sociedad de coste marginal cero: el internet de las cosas, los bienes comunes y el eclipse del capitalismo. Paidós Ibérica, 2014.

¹⁴⁷ La profesora de la Facultad de Ciencias de la Comunicación de la Universidad Autónoma de Barcelona, Nuria Almirón ha demostrado que la concentración en el sistema de comunicación español es muy grande. Los cinco primeros grupos controlan más de la mitad del negocio de la comunicación en España; y que los diez primeros grupos acaparan el 84 por ciento de los ingresos del sector. Ver: Hacia un nuevo sistema mundial de comunicación. Gedisa, 2003; y España Comunicación y cultura en la era digital. Industrias, mercados y diversidad en España. Gedisa, 2002.

¹⁴⁸ En los Países Bajos se estableció, en 1960, un Consejo de la Prensa, el *Raad voor de Journalistiek,* institución independiente integrada por periodistas y representantes de la sociedad civil, que dirime cuestiones relacionadas con la ética de los medios, los derechos de los usuarios, el respeto a los valores democráticos, etc. Austria cuenta, desde 1961 con un Consejo de Prensa o *Presserat*, organismo independiente de autocontrol de la actividad periodística, basado en el respeto de la libertad de expresión y el derecho a la información, creado a iniciativa de las asociaciones de editores y periodistas del país. En Finlandia se creó, en 1968, un Consejo de Medios de Comunicación, el *Julkisen Sanan Neuvosto*, promovido por editores y periodistas, que vela por la libertad de los medios y se encarga de vigilar el cumplimiento del derecho de acceso a los medios, regulado en 1999. Algo parecido se instauró en 1973 en Alemania, el *Deutscher Presserat* destinado a fomentar el desarrollo de una prensa libre, pluralista e independiente que, entre otras funciones, tramita las quejas de los lectores y los ampara frente a posibles desviaciones no deseadas de los medios. Dinamarca cuenta con organismo independiente de autorregulación, el Consejo de la Prensa o *Pressenævnet*, por acuerdo del conjunto de los medios de comunicación daneses, que se basa en los valores cívicos y democráticos. En 1985 fue creada en el Reino Unido la *Society of Editors*, de la que forman parte los di-

rectores de los diarios, y tiene por misión defender y promover la libertad de expresión, velar por el desarrollo de la cultura democrática y de la ética en el ejercicio del trabajo periodístico. En 1991 se estableció la *Press Complaints Comission*, como institución independiente de *autorregulación* del sector, que atiende las reclamaciones de los lectores sobre los contenidos de la prensa. En Suecia existe el *Pressombudsman*, Consejo de Prensa encargado de velar por el cumplimiento los derechos democráticos de los lectores, integrado por el sindicato profesional SJF, los editores (TU) y el *Publicistklubben* (PK) que gestiona la publicidad en los medios. En nuestro país, la Federación de Asociaciones de la Prensa de España, hoy Federación de Asociaciones de Periodistas de España (FAPE), creó en 1999 una *Comisión de Quejas y Deontología*, que actúa de acuerdo con un código ético. Portugal cuenta desde 2005 con la *Entidade Reguladora para a Comunicação Social*, órgano independiente encargado de velar por el cumplimiento del derecho a la información, la libertad de prensa y la independencia de los medios frente a los poderes político y económico. Para una información más detallada puede consultarse la base de datos *ETIC-NET*, de la Universidad de Tampere (Finlandia), desarrollada por los profesores Nordenstreng y Heinonen.

149 Ver: A. Jeammaud. Los derechos de información y participación en la empresa: la ciudadanía en la empresa, en la obra Autoridad y democracia en la empresa (Dir. Joaquín Aparicio y A. Baylos), Editorial Trotta, 1992.

150 Un ejemplo de independencia es la *British Broadcasting Corporation* (BBC), una empresa que, posiblemente, no tenga parangón como servicio público de comunicaciones radiales y televisivas. Tanto por su probada independencia frente a los poderes políticos, económicos y militares, como por su calidad profesional y artística y su inequívoco compromiso con la cultura. Lo que no ha sido fácil de mantener. Ya en 1926, cuatro años después de su creación tuvo su primera confrontación con el gobierno a propósito de la información ofrecida sobre la huelga general de ese año. Los sucesivos intentos de privatizar la BBC han fracasado, pese a la serie de medidas económicas res-

trictivas impulsadas por Margaret Thatcher, y los intentos de control político ejercido sobre la corporación por los gobiernos *torys*. Por ejemplo, en 1985 se intentó censurar un programa sobre los extremistas en Irlanda del Norte. La respuesta fue una huelga de los propios trabajadores de la BBC. Lo mismo ocurrió durante la Guerra de las Malvinas. Ver: Modelos de servicio público en la televisión europea: entre la tradición y la innovación. Análisis comparativo de TVE y BBC, por Alejandra Walzer y Jéssica Retis, ambas de la Universidad Carlos III de Madrid (http://www.infoamerica.org/articulos/textospropios/wal zer_alejandra/televisionbbc.pdf)

[151] Existe una asociación, la *Organization of News Ombudsmen* (ONO), con sede en Estados Unidos, que agrupa a los defensores de lectores de los principales periódicos, entre ellos los diarios europeos *Le Monde, La Vanguardia, Público, The Guardian, De Volkskrant y Diário de Noticias*.

[152] En España existe la prohibición de tener más del 25 % del capital de las televisiones privadas. En 1990, el Parlamento Europeo aprobó una resolución en la que se pide a la CE una legislación antimonopolio para el sector de medios de comunicación. La propuesta denuncia la concentración de empresas como *una grave reducción del pluralismo de la información y un peligro para el derecho a la información, la autonomía y la libertad de los periodistas*.

[153] Deng Xiaping lo supo ver con toda claridad. De ahí su consigna: *haceros ricos,* que los socialistas españoles trasplantaron a nuestro país, junto con los famosos *gatos*.

[154] Andy Warhol supo ver esa dimensión cultural de consumo con su famoso cuadro de 1962 *Las de sopa Campbell,* emblema del *arte pop,* hoy en el Museo de Arte Moderno de Nueva York.

[155] El mercado de los productos de imitación alcanza cerca de 340.00 millones de dólares, según estimaciones *conservadoras* de la OCDE, lo que supone el 2,5% del comercio mundial. En España nos gastamos nada menos que 4.200 euros en ropa, calzados y complementos falsos.

[156] Epicteto. Manual de vida. José J. de Olañeta, 1997.

[157] El impacto de la *falsificaciones* se estima en 338.000 millones, el 2,5% del comercio mundial, según los cálculos de la Oficina de Propiedad Intelectual de la Unión Europea (Euipo) y la Organización de Cooperación y Desarrollo Económicos (OCDE). Ya en 2008, la OCDE valoraba el comercio de copias en 175.967 millones de euros al cambio actual, es decir que se ha duplicado en los últimos ocho años. Hoy, alrededor de un 5% de todas las importaciones que se realizan en Europa son fraudulentas, según el documento. Aunque otros análisis elevan esa cifra por encima del 7%. China es el mayor, y casi exclusivo, fabricante de *falsificaciones*. Según la OCDE el camino de la piratería comienza en el 75% de los casos en sus fábricas situadas principalmente en los deltas del río Yangtsé y del río Perla. Los canales de distribución también se están diversificando. A los mercadillos y al top manta, que no decaen, se añade la venta a través de Internet mediante paquetería postal. Los datos oficiales muestran que los productos falsos que se venden en las plataformas de comercio electrónico —el nuevo campo de batalla— representan el 41,3% del total, una cifra que se dispara hasta el 90% si se trata de artículos de lujo.

[158] En India hay más móviles que letrinas.

[159] Lenin. El Estado y la revolución. Alianza Editorial, 2006.

[160] Para mayor información, a parte del citado libro de Noami Klein, No logo, puede consultarse: Luis Enrique Alonso. La era del consumo. Siglo XXI,2005; George Ritzer. La McDonalización de la sociedad. Ariel,1996; Douglas Rushkoff. Coerción. Por qué hacemos caso a lo que nos dicen. La liebre de Marzo, 2001; Juliet B. Schor. Nacidos para comprar. Los nuevos consumidores infantiles. Paidós, 2006; Ana Isabel Gutiérrez. Consume y calla. Foca, 2014; Marie-Monique Robin. Nuestro veneno cotidiano. Península, 2008.

[161] Emilio Martínez Navarro: Por una ética del consumo responsable. Conferencia pronunciada en Murcia, en la

Asamblea General de Facuaconsumur, el 12 de marzo de 2005 (www.emiliomartinez.net/pdf/Etica_Consumo.pdf)

[162] Segunda edición del informe, *Ambientes saludables y prevención de enfermedades: Hacia una estimación de la carga de morbilidad atribuible al medio ambiente*, de la Organización Mundial de la Salud (OMS)

[163] Ver: Guillermo Foladori. La cuestión ambiental en Marx. En Ecología Política Nª 12. Barcelona, Icaria, 1996.

[164] La idea del *metabolismo*, con el trabajo como mediador entre la existencia humana y la naturaleza, es central para el argumento materialistas histórico de Marx. Volverá a aparecer en distintos puntos de *El Capital*, aunque no quede nunca muy desarrollada. D. Harvey. Guía de El Capital de Marx. Akal, 2014. Ver también, J. B. Foster. Marx y la fractura en el metabolismo universal de la naturaleza, 23-12-2014 (www.marxismocritico.com)

[165] Karl Marx. *El Capital*, libro primero, parágrafo 10 del capítulo 13.

[166] (...) *la producción capitalista sólo sabe desarrollar la técnica y la combinación del proceso social de producción socavando al mismo tiempo las dos fuentes originales de toda riqueza: la tierra y el hombre.* Marx: El Capital. Fondo de Cultura Económica,1973. Libro I, pp. 423-424.

[167] Marx. El Capital. Libro I. FCE. México, 1973, pp. 423-424.

[168] P. González Casanueva: Ecocidio: conocimiento y corporaciones. Marzo de 2013 (www.rcci.net)

[169] Para una visión más amplia y documentado, ver el trabajo de Iñaki Gil de San Vicente, *Marxismo versus ecologista*, publicado por *Matxingune taldea*, en 2015. (http://matxingunea.org/media/pdf/g_150408_marxismo_versus_ecologismo.pdf)

[170] En 2001, con motivo de la Cumbre de Río + 10, Michael Löwy y Joel Kovel redactaron el Manifiesto Ecosocialista. Löwy fue uno de los principales organizadores del primer Encuentro Ecosocialista Internacional, celebrado en París en 2007. Ver: Ecosocialismo: la alternati-

va radical a la catástrofe ecológica capitalista. Herramienta, 2011.

[171] Manuel Sacristán. Pacifismo, ecología y política alternativa. Icaria, 997

[172] Datos sacados de R. N. Hunt, German Social Democracy, New Haven y Londres, 1964, p. 126.

[173] Zetkin luchó por la idea de un Congreso internacional apartidista que debería tratar en primer lugar el derecho de la mujer al trabajo profesional. En este punto se hubieran debido incluir las cuestiones de desocupación, de igual salario a igual trabajo, de la jornada legal de ocho horas, de la legislación protectora de la mujer, del sindicato y de las organizaciones profesionales, de las previsiones sociales para la madre y el niño, de las instituciones sociales para ayudar al ama de casa y a la madre, etc. (...) El orden del día hubiera debido incluir el siguiente tema: la situación de la mujer en el derecho matrimonial y familiar, y en el derecho público político.

[174] Clara Zetkin, Conversaciones con Lenin, 1920. En una entrevista realizada a Lenin en 1924 dice: *Lenin me había hablado muchas veces del problema de la mujer. Se veía que atribuía una importancia muy grande al movimiento femenino, como parte esencial, en ocasiones incluso decisiva, del movimiento de las masas. Huelga decir que, para él, la plena equiparación social de la mujer con el hombre era un principio inconmovible, y que ningún comunista podía ni siquiera discutir. Fue en el gran despacho de Lenin en el Kremlin donde, en el otoño de 1920, tuvimos la primera conversación un poco larga acerca de este tema (...) Tenemos que crear a todo trance un fuerte movimiento femenino internacional sobre una base teórica clara, encauzando la conversación después de las palabras de saludo*. Ver: Clara Zetkin. Recuerdos de Lenin. Grijalbo, 1975.

[175] La expresión del feminismo liberal fue la Organización Nacional para las Mujeres (NOW), creada en 1966.

[176] Para una información más amplia puede verse: Los nacionalismo contra el proletariado. Textos de Marx y Engels. Ediciones Espartaco Internacional, 2008. Ver tam-

bién: G. H. Haupt, M. Lowy y C. Weill: Los marxistas y la cuestión nacional: la historia del problema y el problema de la historia. Fontamara, 1982.

[177] Los escritos de Lenin son: El derecho de las naciones a la autodeterminación, La Revolución Socialista y el Derecho de las Naciones a la Autodeterminación, y las Obras Completas, t. XXII.

[178] Los Estados africanos miembros de la Organización para la Unidad Africana, firmaron del Convenio titulado *Carta africana sobre derechos humanos y de los pueblos*, de acuerdo a la Decisión 115, XVI de la Asamblea de jefes de Estado de gobierno, en su decimosexta sesión ordinaria, celebrada en Monrovia, Liberia, del 17 al 20 de julio de 1979, en la cual estipula que *la libertad, la igualdad, la justicia y la dignidad son objetivos esenciales para la realización de las legítimas aspiraciones de los pueblos africanos*

[179] La sentencia lo que decía del Tribunal Supremo del Canadá (1998) y la subsiguiente ley federal, impulsada por el Primer Ministro Jean Chrétien, y aprobada por el Parlamento de Canadá, la conocida como *Clarity Act* (2000) señala que la decisión *democrática* del Québec sería el inicio de un proceso de reforma constitucional –pactado– que podría llevar a la secesión. Para eso ponía unas condiciones:

- La Cámara de los Comunes de Canadá tiene el poder de decidir si la pregunta del referéndum de un hipotético proceso de secesión es clara antes de ser sometida a votación. En concreto se indica que cualquier pregunta no referida únicamente a la secesión debe ser considerada poco clara.

- La Cámara de los Comunes tendría la facultad de determinar si una clara mayoría se habría producido en un referéndum, lo que implicaría que algún tipo de mayoría reforzada sería necesaria para considerar que el resultado del referéndum habría sido favorable a la secesión.

- Todas las provincias y las primeras naciones (entidades políticas formadas por aborígenes americanos reconocidas en el sistema político canadiense) deben tomar parte en las negociaciones.

- La Cámara de los Comunes tiene el poder de anular una decisión alcanzada en referéndum si estima que se ha violado alguno de los principios de la Ley de Claridad.

- La secesión de una provincia de Canadá requeriría una enmienda a la Constitución de Canadá.

[180] Existe numerosa bibliografía sobre los partidos políticos. Un clásico es el del sociólogo alemán, nacionalizado italiano, Robert Michels, Los partidos políticos. Un estudio sociológico de las tendencias oligárquicas de la democracia moderna. Tiene el mérito de haber comprendido la ley de hierro de las tendencias oligárquicas de los partidos: *Sólo un examen sereno y franco de los peligros oligárquicos de la democracia nos permitirá reducirlos al mínimo, aun cuando jamás puedan ser del todo eliminados.* Otro clásico es: Maurice Duverger. Los Partidos políticos. Fondo de Cultura Económica, 1957. Ver también: Gaetano Mosca. La Clase Política. Fondo de Cultura Económica, México, 2004. Moisei Ostrogorski. La democracia y los partidos políticos. Trotta, 2008. Giovanni Sartori. Partidos y sistemas de partidos, Alianza Editorial, 1980. Sigmund Neumann. Partidos políticos modernos. Tecnos, 1965. Otto Kirchheimer. Teoría y sociología. Críticas de los partidos políticos. Anagrama, 1966. Klaus von Beyme. Los partidos políticos en las democracias occidentales. Centro de Investigaciones Sociológicas, 1986.

[181] Robert Michels. Op, cit.

[182] Ver: Benjamín Constant. Principios de política aplicables a todos los gobiernos. Katz Editores, 2010.

[183] Karl Marx. Sobre la cuestión judía. Prometeo, 2004.

[184] Carlos Tuya. Op. cit.

[185] Para una visión distinta y polémica del tema, puede verse: Democracia en suspenso (Giorgio Agemben, Alain Badiou, Daniel Bensaïd, Wendy Brown, Jean-Luc Nancy, Jacques Rancière, Kristin Ross, Slavo Žižek) Casus Belli, 2010.

[186] *Más de una vez se nos ha acusado de haber practicado la dictadura del partido en lugar de la dictadura de los sóviets. (...) En esta sustitución del poder de la clase obrera por el poder del partido no ha habido nada casual, e*

incluso, en el fondo, no existe en ello ninguna sustitución. Los comunistas expresan los intereses fundamentales de la clase trabajadora. León Trotsky. Terrorismo y comunismo. Akal, 2009.

[187] Referencia a Max Quarck (1860-1930), político alemán afiliado al SPD, de tendencia conservadora.

[188] Carta de F. Engels a A. Babel, fechada en Londres, el 24 de octubre de 1891. Marxists Internet Archive, 2010.

[189] Resulta estremecedor como *teoriza* Trotsky en su libro *Terrorismo y comunismo*, la acción del gobierno bolchevique: *El Estado proletario se considera con derecho a enviar a todo trabajador adonde su trabajo sea necesario. Y ningún socialista serio negará al gobierno obrero el derecho a castigar al trabajador que se obstine en no llevar a cabo la misión que se le encomiende (...) Sin trabajo obligatorio, sin derecho a dar órdenes y a exigir su cumplimiento, los sindicatos pierden su razón de ser, pues el Estado socialista en formación los necesita, no para luchar por el mejoramiento de las condiciones de trabajo —que es la obra de conjunto de la organización social gubernamental—, sino con el fin de organizar la clase obrera para la producción, con el fin de educarla, de disciplinarla, de distribuirla.*

[190] Robert Michels. Los partidos políticos. Amorrortu, 2006.

[191] Lema del *Ordine Nuovo*, dirigido por Gramsci, que aparece el 1º de mayo de 1919.

[192] Citado por Schopenhauer. Op. cit.

ÍNDICE